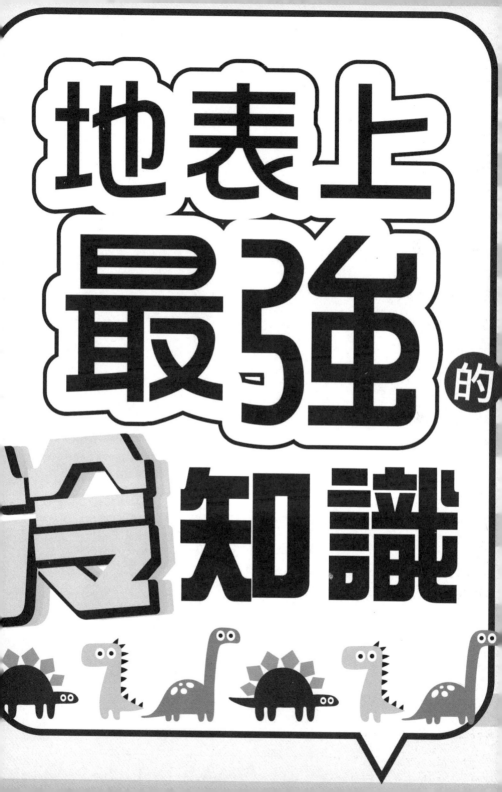

地表上最強的冷知識

萬識通 06

地表上最強的冷知識

編著　羅書宇
責任編輯　許安遙
內文排版　王國卿
封面設計　姚恩涵

出版者　培育文化事業有限公司
信箱　yungjiuh@ms45.hinet.net
地址　新北市汐止區大同路3段194號9樓之1
電話　（02）8647-3663
傳真　（02）8674-3660
劃撥帳號　18669219
CVS代理　美璟文化有限公司
TEL／(02)27239968
FAX／(02)27239668

總經銷：永續圖書有限公司

永續圖書線上購物網
www.foreverbooks.com.tw

法律顧問　方圓法律事務所　涂成樞律師
出版日期　2018年03月

國家圖書館出版品預行編目資料

地表上最強的冷知識/ 羅書宇編著.
-- 初版. -- 新北市：培育文化,
民107.03　面；　公分. -- (萬識通；06)
ISBN 978-986-95464-7-8(平裝)

1. 常識手冊

046　　　　　　　　　　107000184

 **前言**

　　某天晚上，一個僧人與一位士人留宿在船上。

　　船客都是萍水相逢，無法深談，可是船中的時日緩慢又無聊，只能藉著閒談消遣。士人自認為知識豐富，在艙中高談闊論。僧人顯得有點自卑，獨自窩在角落昏昏欲睡。可是後來僧人聽出士人話中有破綻，於是問道：「請問相公，澹臺滅明（孔子的弟子，七十二賢之一）是一個人還是兩個人？」

　　士人回答說：「是兩個人。」

　　僧人又問：「那堯舜是一個人還是兩個人？」

　　士人說：「自然是一個人！」

　　於是僧人笑了，說：「這樣說來，讓小僧伸伸腳吧。」

　　這是張岱《夜航船》序裡的一個故事，故事中知識的優勢轉眼間就成為佔據鋪位的優勢。這個士人也實在丟了讀書人的臉，不知道「澹台」是複姓也罷，竟然把堯、舜都當成同一個人，真應該讓他蜷曲著睡才對。張岱在開篇就說：「天下學問，唯夜航船中最難對付。」他所編寫的《夜航船》相當於一部簡單的小百科，書中包含了各種常識，目的是要讓士人們避免出醜。這些瑣碎、龐雜的知識，在現代的說法就是冷門知識。

不要小看冷門知識，雖然食之無用，棄之可惜，但這裡面有很多真正的難題，很少有人能對答如流。而且，無論身在何處，只要有人的地方，這些知識總會突然冒出來，充斥著我們的生活，讓我們無法無視它們的存在。

很多看似稀奇古怪又天馬行空的疑問，可以拿來搞笑，但又有教育意義，更可以排遣寂寞、增長見識。本書既能拓展人際，又能解決生活中的實際問題，實是居家必備之良品。

擁有此書，你將不會再抱怨生活之無趣，不會再遭到美女白眼，不再成為聚會中默默無聞者；擁有本書，你將變得更博學、更有趣、更受人歡迎。

CONTENTS

Part **2** 過生日為什麼要吹蠟燭？
——超好玩的科學知識

CONTENTS

Part 3 在百貨公司乘手扶梯快還是乘電梯快？

——生活經濟一點就通

Part 1

為什麼鐘錶指針是從左向右轉的？
——說說中國文化的祕密

Trivia
01

皇帝帽子前沿垂下的珠子有什麼作用？

　　電視劇裡面經常看到皇帝戴的帽子前沿有很多串垂下的珠子，這代表什麼意思呢？

　　皇帝在參加不同典禮時，都要穿上不同的服飾。參加最隆重典禮所使用的皇冠稱為「冕」，冕的形狀就像我們今日的學士帽，只不過冕上的布板是長方形而非正方形，並且前後兩端各綴珍珠十二串。

　　這種珍珠串飾其實是一種很有趣的道具，它們會在皇帝的眼前腦後來回晃動，使他極不舒服，目的就在於提醒皇帝必須保持端莊的儀態，不能輕浮造次，影響皇者應有的威儀。另外，天子的面容也不是普通人得以隨意觀看的，所以那幾串珠子也具備了遮擋的作用。

Trivia 02 「萬歲」和「萬萬歲」的呼聲是怎麼來的？

　　電視劇中，大臣稱頌皇帝時總是大呼「萬歲」。其實「萬歲」一詞，本來並不是皇帝專用的。很久以前「萬歲」只是人們表示內心喜悅和慶賀的歡呼語。

　　到秦漢以後，臣子朝見國君時開始常呼「萬歲」，但此時這個詞仍不是皇帝專用的稱呼，若要稱呼他人為「萬歲」，皇帝並不干涉。一直到了漢武帝時，他想要把「萬歲」稱號據為己有，但當時民間遇到慶賀之事，還是有人習慣呼「萬歲」。一直到了宋朝，皇帝才真正立法不許稱他人為「萬歲」。

　　至於「萬萬歲」的來歷，則和武則天有關。相傳武則天稱帝之後，特別喜歡別人吹捧她，藉以抬高自己的地位，但她又不好直言。一天，她在金鑾殿上召集翰林院眾學士，出對子給大家對。

　　她出了上題：「玉女河邊敲叭梆，叭梆！叭梆！叭叭梆！」眾學士搜腸刮肚對了幾十句，武后都不滿意，直覺掃興。這時，有位慣於奉承的學士看出了她的心思，忙吟道：「金鑾殿前呼萬歲，萬歲！萬歲！萬萬歲！」武后興高采烈，推為傑作。從此，「萬萬歲」一詞便流傳於朝野之上了。

Trivia
03 三姑六婆是指哪些人？

　　我們在形容多嘴的人時經常會用到「三姑六婆」一詞。那是指人多嘴雜，七嘴八舌的意思。可是，為什麼是「三姑六婆」，怎麼不說「七姑八婆」呢？

　　原來最早之前，三姑六婆真有其人。「三姑」指尼姑、道姑、卦姑；「六婆」指牙婆（販賣人口的女人）、媒婆、師婆（女巫）、虔婆（鴇母）、藥婆、穩婆（接生婆）。「三姑六婆」的來歷，最早可追溯到明代。當時有位名叫陶宗儀的學者，筆記中就記載了三姑六婆的身份。

　　到了清代李汝珍的《鏡花緣》中，也曾寫道：「吾聞貴地有三姑六婆，一經招引入門，婦女無知，往往為其所害，或哄騙銀錢，或拐帶衣物。」這就是三姑六婆最早的意思，和現在相距甚遠。

女孩額前的頭髮為什麼叫做劉海呢？

各式各樣的劉海是髮型之所以千變萬化不可缺少的一部分，可是人們為什麼把額前垂下的頭髮叫做劉海呢？據說，額前的頭髮之所以被稱為劉海，與唐代神仙劉海有關。

古時一般只有孩童和婦女才留劉海，男子通常沒有劉海的。相傳唐代有位仙童叫做劉海，他的額前總是垂下一列整齊的短髮，顯得童稚、可愛，後代畫師所畫的仙童肖像，常以劉海為樣本。在著名的民俗畫《劉海戲金蟾》中，他額前垂髮，騎在蟾背上，手舞一串銅錢，顯得天真活潑。此後，小孩或婦女額前留的短髮，便稱為劉海了。

其實，關於劉海的來歷還有另外一種說法，認為劉海原本是「留孩」二字，專指小孩子所留的頭髮。在未成年之前，小孩子的頭髮大都是自然下垂的，所以人們用「垂髫」、「髫年」代表兒童或童年。

不過男女孩童所留頭髮是有區別的：男孩留的是額上左右兩角的胎髮，稱之為「兆」；女孩留的是垂於額頭中央的胎髮，叫做「髦」。這種孩童時代所留的頭髮，

統稱為「留孩髮」。

　　有的女子到了成年以後，為了讓自己的髮型更好看，依舊讓額頭上的頭髮自然下垂，保持「留孩髮」。「留孩」為口語俗稱，又由於「劉海」與「留孩」古音類似，此後額前垂留的頭髮，就統稱為劉海了。

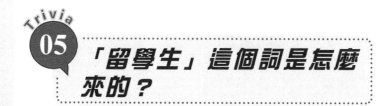

Trivia 05 「留學生」這個詞是怎麼來的？

　　現今社會日益國際化，校園裡經常見到很多留學生。留學生這個詞是怎麼來的呢？有留學生，那有「還學生」嗎？

　　實際上，這個名稱最早是由日本人發明的。

　　唐朝時期的經濟文化相當發達，日本為了汲取中國的先進文化，曾多次派遣使者來到中國。但當時的遣唐使是外交使節的身分，並不能在中國停留太長時間。為了全面學習中國文化，日本便想出了各種辦法，一是派遣一些學生隨遣唐使一同來到中國，遣唐使回國時其中一部分人隨同回國，這些人就稱為「還學生」；另一部

分學生在遣唐使回國後，仍繼續留在中國，這些人就叫做「留學生」。

從此，留學生一詞便被沿用下來了。

Trivia 06 博士、碩士、學士等名詞從何而來？

博士一詞，源於戰國時代，在當時是一種官職，就是博通古今、知識淵博的人。碩士這個詞，最早見於五代時期，通常指品節高尚、博學多識的人。

學士最早則出現於周朝，原本是指在學堂讀書的人，後來逐漸演變成文人學者的代稱。

雖然這些名稱在古時候就已經有了，不過那時的意思和現在的含義卻是完全不相同的。

最早的雜誌和現在有什麼不同？

雜誌一詞最初並不是指刊物。這個詞源自法文，原為倉庫的意思。

真正的雜誌是一七三一年在倫敦出版的《紳士雜誌》。這是「雜誌」這個詞第一次被用於刊物，後來便正式成為此類出版物的通稱，並沿用至今。

早先，雜誌和報紙的形式差不多，極易混淆。後來，報紙逐漸趨向刊載時效性強的新聞，雜誌則主要刊登小說、遊記和娛樂性文章，兩者在內容上的區別越來越明顯。

此外，報紙的版面越來越大，成為四開或二開。而雜誌則經過裝訂，加上封面，變成近似書的形式。直到這時，雜誌和報紙給人們的印象才逐漸分開來。

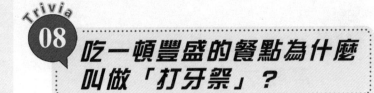

Trivia 08 吃一頓豐盛的餐點為什麼叫做「打牙祭」？

　　打牙祭的意思，就是吃一頓豐盛的餐點。其實，打牙祭本身就是吃肉的意思。

　　這首先得從「祭」字講起。祭，就是祭奠、祭祀。過去人們在逢年過節時總要想辦法弄點好吃的。在那時，所謂好吃的，就是指豬肉。

　　既然有好吃的，當然要先獻給祖先，但這時的祭祀只是個儀式，所以便只切一小塊肉放在神龕上，點上香燭做足樣子而已。等到祭完了祖先之後，便將這一小塊肉切細「祭」奠自己的牙齒，於是便有了「打牙祭」之說。

動動腦

　　一位富翁躺在病床上，對守在身邊等著繼承巨額遺產的兒子說：「我想我的病情有所好轉了。」他是怎麼知道的？

Ans

　　因為他看見兒子的臉色一天比一天難看。

一月為什麼又稱作正月？

　　我們習慣把一月稱為「正月」，這是為什麼呢？因為在古時候，以哪個月為第一個月，各朝規定都不同。

　　夏朝以一月為第一個月，商朝以十二月為第一個月，周朝又以十一月為第一個月，這些朝代每改正一次月份的次序，就把改正之後的一月稱為「正月」。

　　到了秦代，因秦始皇出生在正月，名字叫做嬴政。所以為了避他的名諱，便規定將正字讀作征。正（征）月的叫法，就此傳了下來。

Trivia 10

為何在公堂上只打屁股，不打別的地方？

　　古時候打罰犯人，並沒有規定明確的部位，以致很多犯人都被活活打死。所以到了唐太宗李世民時，有一次在太醫處看到一幅《明堂針灸圖》，得知人體的重要穴位多在胸背部，這些部位被重擊拍打會有生命危險。

　　他也發現圖中在屁股部位的重要穴位較少，所以後來便規定，不許鞭打犯人胸背部，只可以打在屁股部位。

　　此後，在公堂上就只打犯人的屁股了。

動動腦

　　飛機只要始終朝著一個方向飛就能飛到原地嗎？

Ans

　　不一定，飛機朝正南或正北分就不能回到原地，過了北極或南極方向就會改變。

Trivia
11
第一個焚書的人是誰？

　　談起焚書坑儒，必然想到秦始皇。

　　很多人都認為，第一個焚書的人一定是秦始皇，殊不知歷史上首創焚書的人其實是比秦始皇還早一百多年的商鞅。根據韓非在《和氏》所載，商鞅教秦孝公設告坐之過（即讓鄰居們互相監視告密，否則一戶犯法，五戶坐罪，也就是連坐法）和焚燒詩書，以利統一教化，秦孝公都照做了。

　　《商君書》中，商鞅認為以「儒術」為首的諸種文化典籍是「六虱」，國家有「六虱」，會造成人民不能專注於農務，盜賊必至，國力便受到削弱，人民也跟著貧困，所以必須剷除。

　　基於此，商鞅認為必須使用強制手段對文化破舊立新，於是向秦孝公提出了焚書的建議。由此可知，最先宣導焚書的人是商鞅。

為什麼國外辦喜事的婚紗是白色，而在中華習俗中辦喪事的喪服竟也是白色的？

結婚儀式最早出現在英國，於是身穿白色婚紗和白馬王子步入婚姻殿堂，自那時起就是不少女孩夢寐以求的事情。

在西式婚禮上，新郎通常身穿長禮服，新娘也身著白色禮服、頭戴白色頭飾，在神壇前許下婚誓，完成神聖的結婚儀式。西方人之所以選擇白色作為婚紗的顏色，是因為白色代表純潔與神聖。

然而在中華文化中，喪服的主要顏色也是白色。因為白色被認為是枯竭而無血色、無生命的表現，象徵著死亡與凶兆。

古人信奉陰陽五行學說，西方為白虎，屬於刑天殺神，主肅殺之秋，因此古人常在秋季征伐不義、處死犯人，以順應天時。因此白色也逐漸成為喪服的顏色。

Trivia
13

古時候皇宮建築為何會用紅牆黃瓦？

「紅色屬火，黃色屬土，五行火生土。」普天之下，莫非王土。帝王之家，重要的是保有四方領土。紅色代表了喜慶，自古以來中國人都視紅色為吉祥，可以驅邪避禍。

而黃色用於瓦上則顯示了住在這個建築裡的人身份不凡，因為黃色代表血統、地位，是皇帝專用的顏色。所以皇家建築多用紅牆黃瓦。

Trivia 14 遙遠先祖叫鼻祖，那遙遠的子孫叫什麼呢？

　　我們稱遙遠的子孫為耳孫。孫的兒子叫曾孫，曾孫的兒子叫玄孫，玄孫的兒子叫來孫，來孫的兒子叫晜孫，晜孫的兒子叫仍孫，仍孫的兒子叫雲孫，雲孫的兒子叫耳孫。

　　因為耳孫離高曾祖父（即祖父的祖父）很遠，只能耳聞而已，故而稱為「耳」。現代已很少人用耳孫這個詞了，不過在閱讀古文時，這是基本常識。

動動腦

　　桌子上有大小兩個硬幣，如何在不挪動小硬幣的情況下讓大硬幣位於小硬幣的下方？

Ans

　　把大硬幣放在桌子的下面。

皇帝說的話叫什麼？皇后說的話又叫什麼？

　　皇帝說的話、詔書、制令等，泛稱「綸音」。

　　《禮記》中說，如果把皇帝的話比做細縷，則它的影響力便有如粗繩（原文稱為「綸」）；如果把皇帝的說話比作粗繩，則它的影響力便有如大繩纜。所以後世便用綸音指皇帝說的話。

　　至於皇后的命令，則稱「懿旨」。懿就是美的意思，代稱美麗的婦女，懿旨就是指皇太后或皇后的命令。

Trivia 16 為什麼意外又叫「三長兩短」？

　　將意外叫做三長兩短和棺木有關。

　　棺木是由六片木材拼接而成，棺蓋及棺底分別是天與地，左右兩片叫日月，這四片是長木材，前後兩塊分別叫彩頭、彩尾，是四方形的短木材，共四長兩短。但是棺蓋是在人死入殮之後才會蓋上，先不算。所以才會用三長兩短代表死，後來才逐漸加入意外、災禍等意思。

　　麥克和同學一起玩球，不小心把球從窗戶扔進了別人家的屋子，可等那家主人回來後進屋找球，卻怎麼也找不到，這個球到底去哪裡了呢？

Ans

　　麥克和同學玩的是雪球，室內溫度高，時間太長雪球就融化了。

中山裝的設計代表什麼意義？

中山裝是以國父孫中山的名字來命名的男用套裝。一九一九年，孫中山先生請上海亨利服裝店將一套陸軍制服改成便裝，在保留軍服式樣的基礎上，融入中式服裝和西裝的優點，顯得精練、簡便、大方。

在孫中山先生的提倡之下，這種便裝式樣很快流傳開來，經過不斷修改，發展成中山裝，並成為當時男子普遍的服式。後來，中山裝慢慢出現禮服型式，並賦予其新的含義。四個貼袋，前襟五粒扣子，袖口三粒扣子，後片不破縫，立翻領，對襟，這些形制其實都是有講究的。根據周代禮儀寓以意義。

其一，前身四個口袋表示國之四維——禮、義、廉、恥，袋蓋為倒置筆架，寓意為以文治國。

其二，前襟五粒扣子代表五權分立——行政、立法、司法、考試、監察。

其三，袖口三粒扣子表示三民主義——民族、民權、民生。

其四，後背不破縫，表示國家和平統一之大義。

其五，衣領定為翻領封閉式，顯示嚴謹治國的理念。

Trivia 18 古時候新娘子為什麼要蓋上紅蓋頭？

古時候在婚禮上，新娘都會蒙一塊別致的大紅綢緞，被稱為紅蓋頭，這塊蓋頭必須在入洞房後由新郎揭開。

最早的蓋頭出現在南北朝時期的齊代，最初是婦女避風禦寒使用的。到唐朝初期演變成一種從頭披到肩膀的帷帽，用以遮羞。之後，從後晉到元朝期間，蓋頭在民間流行，並成為新娘不可缺少的喜慶裝飾。為了表示喜慶，新娘的蓋頭都選用紅色。

新娘在婚禮中蒙上蓋頭，還與神話傳說有關。據唐朝李冗《獨異志》載，在宇宙開天闢地的時候，天下只有女媧兄妹二人。兄妹倆商議要配為夫妻，以繁衍人類，但又覺得害羞，於是兄妹一起來到山頂向天禱告：「天若同意我兄妹二人為夫妻，就讓空中的幾個雲團聚合起來；若不讓，就叫它們散開吧。」話音一落，那幾個雲團徐徐近移，終於聚合為一。於是，女媧就與兄成婚。

女媧為了遮蓋羞顏，乃結草為扇以障其面。扇與苫同音。苫者，蓋也。到後來，執扇遮面就逐漸被蓋頭代替了。

古時候為何不喜歡端午節出生的孩子？

在古時候的觀念中，農曆五月猛獸毒蟲活躍得勢，被視為妖魔鬼怪盛行的惡月。

而五月五日是一年中毒氣最盛的一天，此日出生的孩子，可能剋父母，故或棄而不養，或另改出生日。

哈哈笑

兒子興奮地告訴父親，他就要和他心愛的女朋友結婚了。

父親關切地問清了兒子的女朋友是誰家的女兒後，十分震驚，對兒子說：「你無論如何不能跟她結婚。我本來不想傷害你，可是事到如今，我不得不如實告訴你，你心愛的女朋友正是你同父異母的妹妹啊！」

兒子傷心極了。母親明白了事情的究竟以後，寬慰兒子說：「她可能是你爸爸的女兒，但我可以向你保證，你絕對不是你爸爸的兒子。」

Trivia 20 「一不做，二不休」這句話的來歷是什麼？

　　「一不做，二不休」的意思是要嘛別做，做了就要做到底。但這句話是什麼來歷呢？

　　這個詞出自唐代《奉天錄》：「光晟臨死而言曰：『傳語後人，第一莫作，第二莫休。』」張光晟是施恩不圖報的義士，邊境護國的良將。在安史之亂後的軍閥混戰中，投靠了叛將朱酢。後來張光晟見朱酢大勢已去，便暗中派人與唐軍將領李晟取得聯繫。李晟猛攻長安，張光晟擔任內應，率領殘部向李晟投降。李晟答應奏告朝廷，減免他叛變投敵的罪行，但是後來德宗依舊頒發詔書處死張光晟。

　　臨死時，張光晟悲哀地說：「把我的話傳給後世的人：第一不要做，第二做了就不要甘休！」這就是「一不做二不休」的來歷。

「大夫」、「郎中」既然本來都是官職名，為什麼最後又被拿來作為醫生的別稱？

　　「大夫」、「郎中」也可以是醫生的代稱，但實際上這兩個詞最初並不是這個意思。

　　漢代的郎中令是保衛宮廷的侍衛。郎中令之職大部分由功勳卓著的將門之後擔任，官品較高，最高可為正五品。

　　大夫一詞，則是用來稱呼所有在朝中議事的文官，一般也是五品官。唐代時，民間巫醫的地位低下，但負責為皇室治病的御醫，卻能得到皇帝額外的封賞。人們為表示尊重，因此也稱有醫道的巫醫為郎中或大夫。

　　到了宋代，郎中或大夫漸漸替代巫醫，成了正式的職業名稱。北宋洪邁的《夷堅志》中就有把趙氏醫人叫做「趙三郎中」，醫人張二叫做「張二大夫」的記載。後來，「大夫」、「郎中」就逐漸演變成醫生的代稱了。

為什麼把夫妻稱為「結髮夫妻」？

「結髮」的原意是：「始成人也，謂男年二十，女年十五，時取笄冠為義也。」

古時候，不論男女都蓄留長髮，等到一定年齡，就會舉行成人禮。男行冠禮，就是把頭髮盤成髮髻，謂之「結髮」，然後戴上帽子。

在《說文》裡：冠，弁冕之總名也，謂之成人。在《玉台新詠・古詩為焦仲卿妻作》裡寫有：「結髮同枕席，黃泉共為友。」與「結髮夫妻」有關風俗又有「束髮托身」與「投絲慰情」。

所謂「束髮托身」就是原配夫妻擇日完婚時，男方要送庚帖，女方要回庚貼。庚貼上寫明姓名、出生時辰和完婚時間。女方回庚帖時，附上一束頭髮，用紅頭繩紮著，作為定情托身、以身相許之物，以示結髮同心，百年好合。

而「投絲慰情」則是結髮之夫妻，男人溺水死亡，屍體尋找無著時，妻子剪下一束頭髮，縛在石頭上，投入丈夫溺水的地方，藉此慰藉結髮之情的意思。

紫禁城內真的有九千九百九十九間半的房屋嗎？

很長時間以來，京城裡都流傳著紫禁城有房屋九千九百九十九間半的說法，不少人禁不住好奇，這其中到底有什麼講究呢？

相傳，當年明成祖朱棣修建紫禁城的時候，打算把宮殿的總間數定為一萬間，可是就在傳下聖旨後的第五天晚上，他做了一個夢。夢見自己被玉皇大帝召入凌霄殿斥責了一頓，因為他要建的紫禁城宮殿數總共有一萬間，和玉皇大帝天宮裡一萬間房子的數字一樣。醒來後，皇帝連忙召劉伯溫進宮來，把自己所做的夢從頭至尾地說了一遍。

劉伯溫聽了也是一愣：「那玉皇大帝可是惹不得的，就聽他的吧。既然天宮是一萬間，我們就建造九千九百九十九間半吧。這樣既保住了玉帝的面子，又不失皇家的氣派。」

從此以後，「紫禁城有房屋九千九百九十九間半」的說法就傳開了。當然這只是個傳說而已，實際上目前紫禁城裡殿、宮、堂、樓、齋、軒、閣總數加起來是八千七百零七間，而那傳說中的半間房，就在清代存放《四庫全書》的文淵閣閣樓的西邊。

Trivia 24 五福臨門是指哪五福？

大部分人都知道「五福臨門」這個成語，可是很少人知道「五福」所指的是哪五種福。

《書經》上所記載的五福是：一曰壽，二曰富，三曰康寧，四曰攸好德，五曰考終命。

「壽」是命不夭折而且福壽綿長；「富」是錢財富足而且地位尊貴；「康寧」是身體健康而且心靈安寧；「攸好德」是生性仁善而且寬厚寧靜；「考終命」是能預先知道自己的死期。

小蓮是個五歲的小女孩，她並沒有練過類似氣功之類的功夫，卻能把一塊磚頭扔到離自己一百公尺遠的地方，你相信嗎？

她站在100公尺高的懸崖邊往下扔磚頭。

為什麼以「馬虎」來表示做事不認真，這跟馬和虎有什麼關係？

　　我們經常說的「馬虎」是指辦事粗心大意，草草了事不認真。可是馬和虎擺在一起為什麼會是這個意思呢？

　　宋朝有個畫家，他畫什麼都隨心所欲。有一次，有人請畫家畫一隻老虎，他才剛畫好虎頭，又有人來請他畫一匹馬，畫家就在虎頭下面畫了馬的身體。後來，兩個人都不要這幅畫，畫家就只好把那幅《馬虎圖》掛在自己家的大廳裡。

　　畫家的兒子們沒見過馬和虎。大兒子看到這幅《馬虎圖》便問：「那是什麼動物？」

　　畫家生氣地說：「是一隻老虎呀！老虎是一種可怕的猛獸，會吃人的。」

　　某次大兒子去野外打獵看到一匹馬，他以為這是老虎，就取出弓箭射死了馬，還以為自己是打虎英雄。

　　後來二兒子也看到這幅畫，詢問畫上的動物是什麼。畫家告訴二兒子是馬。二兒子後來也去了山上，看到一隻老虎，半信半疑地以為是馬，結果就被老虎吃了。

　　畫家知道後，悲痛欲絕，天天以淚洗面。生氣地對

那幅畫說：「你害我賠了錢，還賠了兒子。」於是燒掉了那幅畫。

　　這個故事的寓意是警告後世，做事一定不可馬虎，否則會犯大錯。

Trivia 26 古時候是怎麼寄錄取通知書的？

　　現在的大考成績單都是通過郵件送到考生手中的。在古時候，讀書人享受的待遇高多了，是由專門的政府官員來送錄取通知書。

　　古人科舉應試及第之後，縣州府會派遣特定人員前去通知報喜，稱為捷報。

　　古人參加科考可不只是一個人的事情，是牽扯到整個家族甚至整個村莊的。據說古時候參加科舉應試，有希望中舉或者進士及第的人家，都會在煎熬中苦苦等待喜報的到來。這樣的等待在古時稱為候榜。

　　收到捷報之後，一般要張貼在廳堂內最顯眼的位置，一來可以光宗耀祖，二來可以讓來訪的客人一眼就看到，

如同現在的獎狀一般。從這個細節就可以看出古人有多麼重視科舉考試，科舉考試幾乎可說是古時候讀書人的唯一出路。

Trivia
27 「五雷轟頂」中的五雷指哪五雷？

「五雷轟頂」的意思就是人做了傷天害理的事，一定會遭到上天各種形式的懲罰。現在也經常用來比喻遭受巨大的打擊。

五雷轟頂在古時候被認為是五道閃電，各自皆以「雷元素」為基礎，其中除了木雷是純粹的雷元素外，其他四種閃電則會與風、水、火、地四種魔法元素相符合。

金雷是指刀劍、金屬、鐵器、車禍等；木雷是指棍棒、樹木等；火雷是指火燒、電擊、雷擊等；水雷是指溺水、在行走中出意外、生病等；土雷是指土埋、房屋倒塌、高處掉物等。

若是這「五雷」真的轟頂，大概沒有人能夠抵抗得了。

Trivia 28 岳父為什麼又稱為「泰山」？

岳父為什麼又稱為「泰山」呢？這就要追溯到唐朝了。

唐明皇要封禪泰山，命張說為封禪使，張說的女婿鄭鎰是九品官。按照老規矩，封禪以後，自三公以下都能遷升一級。但當時鄭鎰卻因為岳父的關係，一下子升到五品官，兼賜緋服。唐明皇看到鄭鎰一下子跳升了好幾級，感到很奇怪，就詢問原因，鄭鎰一時無話可答。這時黃幡綽便調侃說：「這是因為靠了泰山之力。」「泰山」二字既指封禪一事，又指岳父，一語雙關。從此之後，人們就稱岳父為泰山了。

Trivia 29 唐伯虎真的很風流嗎？

　　大家都知道四大才子之一的唐伯虎，也知道「唐伯虎點秋香」的故事。歷史上的唐伯虎真的那麼風流嗎？事實上並非如此。

　　唐寅，字伯虎，出身商人家庭，自幼聰明伶俐。

　　二十餘歲時，家中連遭不幸，父母、妻子、妹妹相繼去世，家境衰敗，在好友祝枝山的規勸下，潛心讀書；二十九歲參加應天府公試，獲得第一名「解元」；三十歲赴京會試，卻受考場舞弊案牽連，被斥為吏，此後遂絕意進取，以賣畫為生。

　　正德九年（西元一五一四年），曾應甯王朱宸濠之請赴南昌半年餘，後察覺甯王圖謀不軌，遂裝瘋得以脫身而歸。晚年生活困頓，五十四歲即病逝。

「八拜之交」一定是八拜嗎？

結拜兄弟又稱為「八拜之交」。其實古時候並沒有八拜的禮，以互相四拜算為八拜。

宋代邵伯溫的《邵氏聞見錄》中有一段故事：文彥博聽說國子博士出身的李稷待人十分傲慢，心中非常不快，便對旁人說：「李稷的父親曾是我的門人，按輩分他應該是我的晚輩。他如此傲慢，我非得教訓他不可。」

文彥博任北京守備時，李稷聽說了，便上門來拜謁。文彥博故意讓李稷在客廳枯等了好長時間才出來接見他。見了李稷之後，文彥博說：「你父親是我的朋友，你就對我拜八拜吧。」

李稷因輩分低不敢造次，只得向文彥博拜了八拜。文彥博以長輩的身份挫了李稷的傲氣。成語「八拜之交」典故即出於此。

後來，人們便用「八拜之交」來表示世代有交情的兩家弟子，也稱異姓結拜的兄弟。

男女間的嫉妒情緒為什麼叫「吃醋」？

　　男女相戀時萬一有第三者介入，往往會發生爭風吃醋的現象。到底什麼是「吃醋」呢？

　　原來，唐太宗李世民當年賜給房玄齡幾名美女做妾。房玄齡不敢接受，李世民便料定房玄齡的夫人是個悍婦。於是唐太宗派太監持一壺「毒酒」傳旨房夫人：如房夫人不接受這幾名美妾，即賜飲毒酒。

　　房夫人面無懼色，接過「毒酒」一飲而盡。結果並未喪命，原來壺中裝的是醋，皇帝以此來考驗她，跟她開了一個玩笑。其後，「吃醋」的故事便傳為千古趣談。

　　到了現代，引申為見別人受到表揚或獎勵，心存嫉妒而眼紅，也可以被稱為「吃醋」。

工資為什麼又叫「薪水」？

上班每個月都有工資，也就是薪水，那工資為什麼又叫「薪水」呢？

《南朝梁‧蕭統‧陶淵明傳》中記載：「汝旦夕之費，自給為難，今遣此力助汝薪水之勞。」意思是陶潛送給兒子一個僕人，並寫信告訴他：「以你每日的開銷費用，很難自己養活自己，現在就派一個僕人幫你砍柴挑水吧。」又《晉書‧卷四十一‧劉寔傳》：「每所憩止，不累主人，薪水之事，皆自營給。」這兩個「薪水」，都是指砍柴和挑水，就是燒火煮飯之意，也可以稱為「柴水」。

但是，後來人們開始漸漸把工資稱作「薪水」。《儒林外史‧第四十八回》：「這是家兄的俸銀一兩，送與長兄先生，權為數日薪水之資。」另《文明小史‧第四十二回》：「學生技藝日進，教習一律優加薪水。」這是為什麼呢？

中國古時候官員的俸祿有多種叫法，如：「月給」、「月俸」、「月錢」等。在魏晉南北朝時，「薪水」除了指砍柴汲水外，也漸漸代指日常生活費用。《魏書‧盧昶偉》中記載：「如薪水少急，即可量計。」這裡的

「薪水」即為日常費用。

到了明朝時，曾將俸祿稱為「月費」，後來又改稱「柴薪銀」，意思是幫官員解決柴、米、油、鹽等日常生活費用的支出。

現今上班族按月領取的工作酬勞金，其實跟古時候的月俸、月費是一樣的，主要目的也是用來支付日常生活開銷，所以人們也就把工資稱為「薪水」了。

Trivia 33 為什麼皇帝的女兒叫「公主」？

皇帝的女兒稱為公主，始於周宣王時期。當時天子的女兒下嫁諸侯時，必須有人主婚，那麼誰能配得上主持這樣的大事呢？只有僅次於皇帝的「公」了。

古時候爵位分公、侯、伯、子、男，「公」等級最高，因而請爵位為「公」的人，來主持天子女兒的婚事。

秦漢以後，則是請朝廷的王公、大臣主其事。從這時開始，就把天子的女兒稱為「公主」了。一直到唐太宗時才明確規定，只有皇帝的女兒才可稱公主。

34 陰間為什麼又被稱為「九泉」？

九泉是指地底最深最深處，有極限之意。

實際上，九天和黃泉這兩個詞，在古詩詞中屢見不鮮，如：「飛流直下三千尺，疑是銀河落九天」，「冥冥九泉室，漫漫長夜台」，等等。

「九」是個位數中最大的數字，因此古時常用「九」表示多、大、極的意思。醫書《素問》中說：「天地之至數，始於一，終於九焉。」九天便是指高不可測的天空，極言其高；九泉便是指深不見底的地下，極言其深。

古人從打井的經驗中獲知：當掘到地下深處時，就會有泉源。地下水從黃土裡滲出來，常常帶有黃色，所以古人就把很深的地下叫做黃泉。加上古時的迷信思想，認為人死後會到陰曹地府去，陰曹地府也在很深的地下，於是便把「九」和「泉」互相搭配，成為「九泉」。

Trivia
35 **古時候官員的待遇如何？**

　　中國古時候的秩祿制度，等級森嚴，不允許僭越。秩是官秩，指官位的高低；祿是俸祿，指朝廷發給官吏的薪餉。

　　官秩品在秦漢時期以穀物多寡來計算。西漢從萬石到佐史，分為二十級。曹魏時以一品至九品分為九級。南北朝逐漸改為正從九品十八級。隋唐開始沿襲南北朝的秩品等級，以後各朝也大抵如此。唐代官俸有職田、祿米、錢貨。京官一品、外官二品授田十二頃，京官八品、外官九品授田二頃五十畝。

　　武德初年，正一品祿米七百石，從九品祿米五十石。貞觀時一品官月俸錢六千八百文，九品官為一千三百文。

　　唐朝後期，俸祿厚外官、薄京官。宋朝官員的俸祿，在歷代封建王朝中最為優厚。因為宋代公用錢的借貸利息與職田的收入，除由部門長官支用外，大部分都進了部門「小金庫」，發放給官吏們，成為官吏收入的一部分。官員出差或赴任時，可以憑朝廷發的「給卷」在地方上白吃白住，甚至領用糧食衣服等。宋朝還設立祠祿之制，德高望重的高級官員定期療養的費用，均由國家承擔。

另外，宋朝不少官員能領取兩份薪餉，名曰「職錢」。優厚的待遇，使得宋代官員很少有自願致仕（退休）的，甚至為了延長任職期限，竟竄改年齡。因此，朝廷只好強迫官員致仕，年滿七十的老官員，不予考課，不給升遷。

官員致仕時，往往給予加官晉級。宰相級的官員致仕後，仍可參議朝政擔任「高級顧問」。官員自動致仕者，其子孫可以「蔭補」一定的官職，因此「官二代」從政者眾多。

Trivia 36 古時官場上的「同年」是指年齡相同的意思嗎？

古時候官場上有「同年」或「年兄」的稱謂，這是什麼意思呢？

「同年」並不是指年齡相同，而是官場走動為了拉關係用的，方便互相關照。這裡的「年」是指文人參加科舉考試的「同年」，就是同科上榜的。只要是同科上榜的學子，就是同年，互稱「年兄」。

「象刑」是什麼刑？

　　象刑是一千餘年來東南亞和南亞地區處死犯人的主要方式，就是在公眾場合以亞洲象踐踏、肢解或折磨犯人。經過專門訓練的亞洲象被當做劊子手廣泛運用於刑罰，既可以使受刑者立即斃命，也可以使他們在長時間的非人折磨下慢慢死去。

　　在印度，大象被王室供養著，代表王公的絕對權威。用象刑處決犯人的情景吸引了歐洲旅行家的目光，也令他們感到恐懼，這樣的場景在當時的遊記中曾大量出現。

　　此刑罰於十八至十九世紀被殖民當局禁止。其實這樣的刑罰也曾被一些西方國家所採用，主要用於處決叛變的士兵。

信口雌黃中的「雌黃」是指什麼？

　　信口雌黃的意思是指有些人不顧事實，隨便亂說話的意思。

　　「信口」二字很容易明白，就是隨口說話，但為何「信口」會與礦物名「雌黃」連在一起呢？

　　雌黃本是一種礦物，其成分為三硫化二砷，呈現檸檬黃，多為細粒狀、片狀或柱塊狀，也有類似鵝卵石形狀者，多有珍珠光澤。

　　古時人們寫字時用的是黃紙，如果字寫錯了，用雌黃塗一塗，就可以重寫。

　　「信口雌黃」一詞則來源於《晉書·王衍傳》。王衍是東晉人，是一位有名的清談家。他喜歡老莊學說，每天談的多半是老莊玄理，但是往往前後矛盾、漏洞百出。別人指出他的錯誤或提出質疑，他也滿不在乎，甚至不假思索，隨口更改。

　　於是當時人們說他是「口中雌黃」。《顏氏家訓》中也有「觀天下書未遍，不得妄下雌黃」之論。

Trivia
39

「文曲星」和「武曲星」的由來是什麼？

　　文曲星，是星宿名之一。中國神話傳說中，文曲星是主管文運的星宿，文章寫得好而被朝廷錄用為大官的人，都被認為是文曲星下凡。

　　文曲星其實指的是晉朝人張亞子，居於四川梓潼縣七曲山，生性孝順，是位教書先生。東晉甯康二年（西元三七四年）自稱蜀王，起義抗擊前秦苻堅時戰死。唐玄宗入蜀時，途經七曲山，有感於張亞子的英烈，遂追封其為左丞相。後奉為文曲星。

　　至於武曲星代表的是學習武功、勇氣與財富。傳說周武王即位後勵精圖治，使國家安樂、百姓富庶。在他離世之後，太白金星便令他駐守武曲星，成為武曲星君。

Trivia 40 清代宮女們的「高跟鞋」有多高？

　　經常看清宮劇的人一定不會對後宮女人腳上穿著的高底鞋感到陌生，那麼，這種鞋正式名稱究竟是什麼呢？到底有多高呢？

　　明清兩代，裹腳之風盛行，漢族女子們以穿弓鞋為多，而滿族女子則不纏足。滿族入主中原後，也受到了漢族文化影響，儘管滿族的女性從不裹腳，但根據普遍的審美標準，大腳是不漂亮的。為了避免別人看出自己腳的大小，滿族女性便發明了一種高底鞋，將腳藏在衣群裡，不會輕易顯現出來。

　　清代高底鞋，俗稱花盆鞋。這種木底的絲鞋由於木跟不著地的地方，常用刺繡或穿珠加以裝飾，鞋的底面呈花盆形狀，故而稱為「花盆底鞋」。鞋底中間即其木底高跟，高五到十公分左右，有的可達十四到十六公分，最高的可達二十五公分；用白布包裹，鑲在鞋底中間腳心的位置。

　　底的形狀通常有兩種，一種上敞下斂，呈倒梯形花盆狀；另一種是上細下寬、前平後圓，其外形及落地印痕皆似馬蹄。「花盆底」和「馬蹄底」因此而得名。

穿上此鞋，走起路來，輕盈嫻雅，端莊秀美。這種奇怪的鞋式，就是清代宮廷服飾中的特點之一。

Trivia
41
降半旗致哀，就是要將國
旗下降至旗杆的一半處嗎？

　　這種致哀方式最初起源於英國，至今已有近四百年的歷史。

　　一六一二年，英國船隻「哈茲・伊斯」號在探索北美北部通向太平洋的航道時，船長不幸逝世。船員們為了表示對逝世船長的敬意，將桅杆旗幟下降到離旗杆頂端有一段距離的地方。

　　當該船駛進泰晤士河時，人們注意到桅杆上降下的旗幟，不知何意，一打聽才知道是為了悼念去世的船長。於是自十七世紀下半葉起，這種莊嚴而又簡潔的致哀方式流傳開來，並為各國所效仿。

　　久而久之，約定俗成地把旗幟降到離杆頂三分之一處來表示哀悼，便成為一種國際慣例，並沿襲至今。

Trivia 42 「東窗事發」一詞是怎麼來的？

我們經常用「東窗事發」形容做壞事敗露的意思，其實這個成語和秦檜有很大的關係。

相傳南宋奸臣秦檜與妻子在東窗下謀害了抗金名將岳飛。秦檜死後不久，兒子秦熺也死了，妻子王氏請來一位道士為兒子超渡亡靈。道士來到陰間，見到了正在受審的秦檜。

秦檜神情黯淡地對道士說：「可煩傳與夫人，東窗事發矣！」此後就用「東窗事發」來形容事跡敗露或被揭發。

一個乒乓球掉進了一個杯子裡，在不碰球，不碰杯子，不借助外物的情況下，能把球弄出來嗎？

能，對著杯子吹氣。

「腰纏萬貫」的「萬貫」是指多少錢？

　　我們常用「腰纏萬貫」來形容一個人非常富有。那麼，萬貫究竟是多少錢呢？

　　在古時候，銅錢一般是用繩子穿起來的，每一千枚銅錢叫一貫。明朝洪武八年（西元一三七五年），發行了紙製「大明通行寶鈔」，面額為「壹貫」。

　　當時，壹貫等於銅錢一千枚或白銀一兩，或黃金四分之一兩。由此換算，萬貫就等於黃金兩千五百兩，這的確是一筆不小的財富。

　　豪華遊艇上，一位乘客向船長憤怒地抱怨，特等艙裡居然有老鼠，你猜船長怎麼說？

　　船長很氣憤地說：「叫牠補票。」

錢為什麼叫做「錢」?

　　「錢」是我們對貨幣的俗稱。可是,為什麼稱貨幣為「錢」呢?

　　在商品交換的漫長發展過程中,用作交易的物品並不是白銀黃金,而是牲畜。但是牲畜大小、肥瘦、雌雄、健病都有不同,加上不能分割,不易攜帶、保管,不久便被穀帛代替。

　　可是以穀帛充當一般等價物也會出現「溫穀以要利,作薄絹為市」的投機現象,也同樣因為品質不一,作價勢必引起麻煩。於是人們就開始以武器和生產工具等實物作為交易等價物品,來進行商品交易。

　　因為古時候有一種叫做「錢」的農具,被用來當作交換的等價物品有很長歷史,因而貨幣也就通稱為「錢」了。

Trivia 45　為什麼硬幣上的人像都是側面像，紙幣上的人像卻是正面像？

　　硬幣上的人物像是側面像，而紙幣上的卻是正面像，這是為什麼呢？

　　要在硬幣上刻劃出足夠精細的正面肖像，技術上辦得到，但費用極為可觀。

　　另一方面，隨著硬幣的流通，肖像精緻的細節很快就會磨損掉。可是，既然側面像更容易製造，那麼為什麼紙幣上又用正面像呢？

　　這是因為，正面肖像的精細和複雜度，能防止製造偽鈔。這就是為什麼硬幣上的人像是側面，而紙幣卻是正面人像的原因。

Trivia 46 為什麼非要說「買東西」不可，講「買南北」不行嗎？

我們平時習慣說「買東西」，這句話其實是有歷史淵源的。

一次，南宋學者朱熹造訪友人盛溫如，盛溫如手上正拎著籃子準備上街。朱熹問盛溫如要去哪裡，盛溫如回答說：「上街買東西。」

朱熹很驚訝地問：「為什麼是買東西呢？南北也可以買嗎？」

盛溫如回答：「籃子只能裝金類木類，水類火類可裝不得。」

朱熹聽罷連連點頭。

原來古代的「五行」多半與東、西、南、北、中等方位配合出現，東方屬木，西方是金，南方屬火，北方屬水。所以籃子只能裝東西，而不能裝南北。

同樣的例子在乾隆皇帝時也曾出現。乾隆問紀曉嵐：「為什麼東西叫東西，而不叫南北？」

紀曉嵐說：「東西屬金木，南北屬水火。金木人人都喜歡，水火則不好辦，因為水火難容。」

可見，這個語言現象正是來自古代的五行觀念。人們把一切事物和現象都歸納於這五類物質中，而這五類物質就逐漸成為具體事物的抽象化代名詞。這就是五行，代表著當時的歷史條件下，前人的世界觀。

　　按照五行來推衍，東西南北中與金木水火土具有兩兩互相對應的關係，即東代表木，西代表金，南代表水，北代表火，中代表土。而古人認為，我們生活中使用的所有物品幾乎都是由金和木兩種物質所組成的。因此，「東西」二字便漸漸成為泛指物品的代名詞。隨著科學技術的進步，今人對世界的認識早已大不相同，但「東西」一詞卻仍被沿用下來。

　　美國一大百貨公司門口貼出告示，上寫「無貨不備，如有缺貨，願罰10萬美元」。一法國遊人欲得此10萬美元，環繞公司一周後去找該公司經理，問：「我買潛水艇，在什麼地方？」經理領他到18樓，玩具攤裡真的有潛水艇。

　　法國人又說要外星人，經理領他到「未來世界」貨攤，果真有幾個外星人模特兒。法國人不甘休，問道：「可有肚臍長在眼睛之上的婦女嗎？」經理不慌不忙地對旁邊一位女售貨員說：「妳來一下倒立給這位客人看看。」

Trivia 47 為什麼鐘錶指針是從左向右轉的？

　　古時候人們沒有鐘錶，只能靠太陽的高度來大致判斷時間。後來人們發現陽光在一塊大石頭上慢慢移動，而且每天移動的位置都一樣，於是他們在大石頭上立了一根棍子，在棍子周圍刻了一些線，陽光走到哪條線上就知道工作或吃飯的時間到了。這就是世界上最早的鐘，叫做日晷。

　　太陽每天都是東升西落，日晷上陽光的影子也以棍子為中心向右旋轉。後來人們根據日晷提示時間的方式發明了機械鐘，用指標代替陽光的影子。因此鐘錶指針也就沿用當初影子的走向，從左向右轉來提示時間了。

「司空」為啥「見慣」？

　　「司空見慣」是一個很常用的成語，但大部分的人卻都用錯了。司空，是唐代官職的名稱，相當於清代的尚書。

　　唐代詩人劉禹錫，因為性格放蕩不羈，在京中受人排擠而被貶為和州刺史。當地有一個人名叫李紳，曾任司空官職，因仰慕劉禹錫的詩，邀請他飲酒，並請了幾個歌女在席上作陪。劉禹錫一時詩興大發，做詩一首：「高髻雲鬟新樣妝，春風一曲杜韋娘，司空見慣渾閒事，斷盡江南刺史腸。」「司空見慣」這個成語，就是從劉禹錫此詩中而來。從劉禹錫的詩來看，整句成語的意思就是指李司空對這樣的事情已經見慣，不覺得奇怪了。

　　所以，如果是發生得理所當然的情況，例如：早晨太陽從東方出來，到黃昏的時候太陽便在西方落下，這樣的例子便不能說是「司空見慣」。若是有些事情按理說應該偶然才會發生一次，但卻是經常性的發生，因為見慣了而不覺得奇怪，這時才是使用「司空見慣」比較恰當的時機。

Trivia 49 領袖和「領子」、「袖子」有什麼關係？

　　古人穿衣服很注重衣領與袖口的式樣和大小。設計講究的衣領和袖口，穿戴後會給人一種堂堂正正的印象，「領袖」由此發展出了為他人做表率的意思。《晉書·魏舒傳》：「魏舒堂堂，人之領袖也。」意思是說，魏舒儀表堂堂，氣魄非凡，如同衣服中的領子和袖子一樣，具有卓越地位，堪稱世人之表率。

　　後來，人們逐漸將同一類人物中的突出者稱為「領袖」，到最後，「領袖」成為專指代表國家、政治團體和群眾組織的最高領導人。

動動腦

　　小湯姆寫信時，將收信人和寄信人的地址寫反了，信被寄回自己家裡，他怎樣才能不花半毛錢就把信寄給收信人？

Ans

　　寫上「查無此人」把信退回去。

「菜鳥」一詞是怎麼來的？

　　「菜鳥」既不同於「駭客」之類網路用詞的英文音譯，也不是因為翻譯過程中產生變異而成，它源自於漢語本身。

　　根據《現代漢語方言大詞典》分卷《徐州方言詞典》，「菜」字共有兩個意思，一是經過烹調的蔬菜、蛋品、肉類等副食品的統稱；二是不好，水準差、不夠標準的意思。可見，「菜鳥」的「菜」，正是取其不好、水準差、不夠標準之義。

　　北京方言中的「菜」，有無能或廢物之意；又因我們本來就有「笨鳥先飛」這個成語。於是人們逐漸將「鳥」與「菜」組合成一個複合詞——菜鳥，意思是指初出茅廬經驗不足者，或是剛剛來到一個新環境的人。

動動腦

　　除了水資源污染、魚量減少之外，最令漁夫感到害怕的是什麼？

Ans

　　沒人吃魚。

Trivia 51 為什麼「半斤八兩」是相同的意思？

　　我們常用「半斤八兩」來形容兩者相同，為什麼半斤等於八兩呢？

　　因為傳統市場中習慣使用台斤和台兩這樣的重量單位。台斤中，一斤就是十六兩。為什麼會發展出這樣的計算方法呢？民間有一種說法：一斤中每一兩都是一顆星，十六兩就是十六顆星，就是指北斗七星、南斗六星和福祿壽三星。賣東西的人在稱重量時，不短斤少兩，就會得足星，尤其是得到福祿壽三星。如果居心不良，短少重量，就會損星。這種說法用意是要鼓勵誠信經商，減低缺斤少兩這種情況發生。

　　而半斤就是一斤的一半，既然一斤是十六兩，自然半斤就是八兩了。

Trivia 52 感冒一詞從何而來？

　　翻遍中醫經典，均無「感冒」一詞。原來「感冒」一詞不是來源於醫學，而是出自官場。

　　南宋年間，館閣設有輪流值班制度，每晚安排一名閣員值宿。當時值班閣員開溜成風，其理由也是約定俗成，均寫「腸肚不安」。一位名叫陳鵠的太學生開溜時，偏不循例寫「腸肚不安」，卻標新立異大書「感風」二字。

　　在過去有很長一段時間，中醫對病因的表述規範都不是十分明確。直到南宋醫學理論家陳無擇，才首次把致病的原因區分為外因、內因、不內外因三大類。就外因而論，又區分為六淫，即風、寒、暑、濕、燥、火等六種反常氣候變化。

　　陳鵠對陳無擇所提出的新學說顯然已有瞭解，故而在開溜時賣弄小聰明，隨手借來六淫之首「風」，並首次用到「感」字。感者，受也。陳鵠所創先例發展到清代，又發生了改變。清代官員請假休息，例稱請「感冒假」。「冒」者，透出也。

　　於是「感冒假」可作如是闡釋：本官在為公務操勞之際，已感外淫，隱病而堅持至今，症狀終於爆發出來，故而不得不請假休養。這就是「感冒」一詞的由來。

「另眼相看」與「刮目相看」是指同一個意思嗎？

「另眼相看」與「刮目相看」當然不是同一個意思。

「另眼相看」是說用另一種眼光看待人，也指不被重視的人得到重視。出自明代凌濛初的《初刻拍案驚奇》：「不想一見大王，查問來歷，我等一實對，便把我們另眼相看。」

而「刮目相看」則是指別人已有進步，不能再用原來的眼光去看他。出自《三國志・吳志・呂蒙傳》：「士別三日，即更刮目相待。」三國時期，東吳能武不能文的武將呂蒙聽從孫權的勸告，發憤讀書。一段時間後，都督魯肅來視察呂蒙的防地，呂蒙對蜀的防備事務講得有條有理，還寫了一份建議書給魯肅，魯肅很驚訝。呂蒙說道：「士別三日，就要刮目相看。」

所以這兩個詞的意思不同，不能混用。

「金龜婿」一詞是怎麼來的？

「金龜婿」這個美稱出自唐代詩人李商隱的《為有》詩：

為有雲屏無限嬌，鳳城寒盡怕春宵。

無端嫁得金龜婿，辜負香衾事早朝。

這首詩寫的是一位貴族女子在冬去春來之時，埋怨身居高位的丈夫因為要赴早朝而辜負了一刻千金的春宵。實際上，把丈夫稱為「金龜婿」與唐代官員的佩飾有關。

據《新唐書・車服志》記載，唐初，內外官五品以上，皆佩魚符、魚袋，以「明貴，應召命」。武則天天授元年（西元690年）改內外官所佩魚符為龜符，魚袋為龜袋，並規定三品以上龜袋用金飾，四品用銀飾，五品用銅飾。可見，佩戴金龜袋的均是親王或三品以上官員，後世遂以金龜婿代指身份高貴的女婿。「乘龍快婿」、「東床婿」是指「女兒的配偶」，而金龜婿則側重於指「女子的配偶」。

「伙計」一詞是怎麼來的？

「伙」是古代兵制，十人為一火，即吃一鍋飯，同火稱伙伴，還有伙食。《木蘭辭》中云：「出門見伙伴，伙伴皆驚忙。」而伙計，在舊時指店員或長工。

漢語在這個方面的詞彙本來就很豐富，像「店家」、「小二」、「伙計」、「堂倌」等等，都是同樣的意思，各地使用方式則各不相同。

在粵語方言地區，目前仍有顧客在餐館裡以「伙計」稱呼男性服務生，不過多半僅限在小飯館或大排檔等用餐地點。此外，部分地區的服務業或小型企業老闆，也會把雇員稱為「伙計」。在中國北方部分地區，「伙計」則是男性熟人間的親暱稱呼。

「秦」字是秦始皇創造的嗎？

「秦」的確是秦始皇創造的。秦王嬴政統一天下後，仍希望以「秦」字為國號。

在那時「秦」字的寫法是「琹」，他認為此字不祥，既然天無二日（天上沒有兩個太陽），一國豈能容「二王」？所以他想創造一個同音字來代替。他認為自己是千古一帝，便提筆寫了一個「秦」字，取「春」、「秋」二字各一半組合為一個「秦」字。眾官稱讚嬴政才智過人，便立國號為「秦」。

「拍拖」一詞源自哪裡？

　　「拍拖」一詞現在常用來比喻男女談戀愛，但這個詞原為珠江口一帶的航運俗語。

　　珠江口航運發達，通常大船載貨會同時拖一艘小船，航行主航道時以大拖小；到了近岸，大船吃水較深，難以靠岸，便用小船卸貨上岸，來回相依。之後便約定俗成，以此形象形容男女之間互相關心，並將談戀愛稱為「拍拖」。

　　在今天的擂臺賽中，六歲的小琪為什麼能夠赤手空拳地打敗一個身強力壯的成年人？

　　他們在比賽下棋。

Trivia
58
上廁所為何叫「解手」？

　　上廁所又可以說成「解手」，上廁所和「解手」有什麼關係呢？

　　據說這個典故來自明朝時期北方的大移民。明朝政府遷民是強制性的，但窮家難捨故土難離，人們總是採用各種方法反抗這個政策。所以移民官員和負責押解的差人，怕人們半路逃跑，在編隊定員之後，便把他們捆綁起來，幾十個人用同一條繩子相互牽連在一起。只要一人動就會牽動其他人，誰也跑不了。

　　因此在行路當中，如果有人需要大小便，就得懇求押解的差人將捆在他們胳臂上的繩子解開。路途遙遠，說得次數多了，漸漸就被簡化了。一開始是說：「幫我解開手」，差人就知道他是要大小便，後來乾脆簡化成了「解手」。只要有人高聲喊「解手」，差人便明白他的意思了。

　　一路下來，大家說順了，用得也習慣了。到了新的定居地，人們按照編隊定居下來，開始新的生活。雖然這時候手早就被解開了，大小便無須先報告，更無須等人「解手」。但人們都忘不了遷民路上的那段生活，也早就說慣了，所以便沿用「解手」這樣的說法。久而久之，「解手」就成了大小便的代名詞了。

Trivia 59

「青梅竹馬」是怎麼來的？

　　「青梅竹馬」指的是少男少女無拘無束地在一起玩耍。「青梅竹馬」的時代就是天真無邪的年代，出自唐代詩人李白的五言古詩《長干行》。詩裡描寫一位女子思夫心切，願從家鄉長途跋涉數百里路來迎接丈夫。

　　詩的開頭回憶他們從小在一起親暱地嬉戲：

　　　郎騎竹馬來，繞床弄青梅，

　　　同居長干里，兩小無嫌猜。

　　竹馬，就是把竹竿當馬騎；青梅，就是青色的梅子。後來，人們就用青梅竹馬和兩小無猜來代表過去天真純潔的感情。也可以把青梅竹馬、兩小無猜放在一起使用，意思是相通的。

「雷同」跟打雷有關係嗎？

「如有雷同，純屬巧合。」雷同在這裡是相同的意思，這和打雷有關係嗎？

古時有一種說法，打雷時萬物都同時回應。《禮記・曲禮》：「毋勦說，毋雷同。」漢代鄭玄注：「雷之發聲，物無不同時應者。人之言當各由己，不當然也。」意思是說，人應該用自己的心去斷其是非，不要取他人之說以為己語，像萬物聞雷聲而應那樣。

因而，「雷同」便有「隨聲附和」之義，這個含義在現代並不常用，反而被借用來批評缺乏新意，或指不該相同而相同的窘境。一般多用於文藝評論中，表示某人作品與其他人作品相近的意思。

小王正在河邊釣魚，等了很久好不容易出現一條魚，他反而掉頭就跑，為什麼？

過來的是條鱷魚。

Trivia 61 為什麼把失敗叫「敗北」?

　　我們常把失敗稱作「敗北」,特別是在報導體育比賽的時候,為什麼會有如此稱呼呢?

　　原來「敗北」中的「北」並不是代表方位,在古時候「背」和「北」相通。《說文解字》中說:「北,乖也,二人相背。」於是「北」被引申為人體的部位——與胸相對的背部。古人說敗北,意思是打不過轉背而逃的意思,後人就沿襲古人的用法,把失敗稱作「敗北」了。

　　小明總是馬馬虎虎,他同時寫了十封信,裝完信封後,他發現有一封信裝錯了,爸爸說他又馬虎了,為什麼?

Ans

　　因為如果裝錯了,肯定同時錯兩封,不可能只錯一封,檢查時小明又馬虎了。

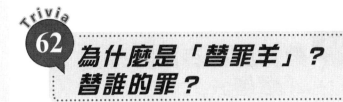

Trivia
62
為什麼是「替罪羊」？替誰的罪？

　　「替罪羊」一詞是由西方文化傳來的，用羊替罪的說法來自古猶太教。

　　古猶太人在新年過後的第十天有一個非常重要的節日——贖罪日。在這一天，猶太人徹底齋戒，並在聖殿舉行祭祀儀式，以此祈求上帝赦免他們在過去一年中所犯的罪過。祭祀時，教徒們會拿來兩隻山羊，一隻獻給上帝，以牠的血作為贖罪祭品；而大祭司則將雙手按在另一隻羊的頭上宣稱猶太民族在一年中所犯下的罪過已經轉嫁到羊的身上了，然後將這隻羊放逐曠野，意為將人的罪過帶入無人之境。

　　「替罪羊」的含義就是一隻「帶走猶太人一切罪孽的羊」，後來這個說法廣泛傳播，並逐漸應用到世界各地。

Trivia 63 男女成親為什麼叫「結婚」？

　　其實結婚也寫作「結昏」，在戰國時代的《公羊傳》中就出現過，這可說是個歷史悠久的詞。之所以將男女締結婚姻關係稱為結婚，與古代成親的習俗有關。結是聯結、結合的意思。古時女子臨嫁之時，母親會為她繫結佩巾，稱為結縭，並教育女兒到夫家後要侍奉舅姑，操持家務。

　　婚同昏，意思是黃昏。以昏表示婚姻，是因為古代多半都在黃昏的時候迎親，唐代以後才把迎親的時間改為早晨。現在的迎親時間雖然不再規定了，但結婚的說法卻保留了下來。

　　媽媽叫小雨在家看門不要出去玩，為什麼小雨又能出去玩還可以繼續看門？

 Ans

　　他把門帶出去了。

Trivia
64 為什麼古代把旅費叫做
「盤纏」？

　　古代的「盤纏」就是如今說的旅費，但旅費為什麼在古代叫「盤纏」呢？錢和「盤纏」又有什麼關係？這與古代貨幣有關。

　　古錢是中間有孔的金屬幣，常用繩索將一千個錢幣成串吊起來。穿錢的繩索叫做「貫」，所以一千錢又叫一吊錢或一貫錢。有齣戲叫《十五貫》，大意就是一個涉及十五串錢的案子。

　　古代沒有支票、信用卡等輕便的支付工具，人們出遠門辦事探親，只能帶著笨重的成串銅錢。把銅錢盤起來纏繞在腰間，既方便攜帶又安全，因此古人將這又「盤」又「纏」的旅費叫「盤纏」。

Trivia 65 為什麼把演唱會外兜售「黃牛票」的小販叫做「黃牛」？

　　「黃牛」的稱謂，是用於描述一堆人搶購物資或票券，有如「黃牛群之騷然」的現象。

　　「黃牛」曾是上海灘的特色，昔日所謂的「黃牛黨」，從事的是被過度分化的仲介行為，他們「恃氣力或勢力，採購物資及票務憑證後高價出售以圖利」。發展到現在，「黃牛」這一行又出現了不同的發展，從戲票到火車票都可以買賣。

　　曉彤說她只用兩根火柴就能在桌上擺出一個正方形，你相信嗎？

 Ans

　　能，把火柴放在桌角就行。

Trivia
66
為何稱女人的裙子為石榴
裙？

　　據說，唐明皇為了討楊貴妃的歡心，在華清宮附近種了不少石榴供她觀賞，而且唐明皇還經常親自剝石榴餵到楊貴妃口中。朝中大臣看不過去，對楊貴妃的怨言日生，楊貴妃為此很不高興。

　　一天，唐明皇邀群臣宴會，請楊貴妃彈曲助興。楊貴妃在曲子奏到最精采動聽之時，故意弄斷了一根弦，使曲子再也不能彈奏下去。唐明皇忙問原因，楊貴妃趁機說，因為聽曲的臣子對她不恭敬，司曲之神為她鳴不平，所以把弦弄斷了。唐明皇很相信她的話，於是降下旨意，以後無論將相大臣，凡見貴妃均須行跪拜禮，否則格殺不赦。

　　因為楊貴妃平日總喜歡穿繡有石榴的裙子，所以大臣們私下都用「拜倒在石榴裙下」來開玩笑。後來便留傳下來，並用「拜倒在石榴裙下」形容男子為女性傾倒的意思。

為什麼將亂寫亂畫稱為「塗鴉」？

　　「塗鴉」的說法來自唐代盧仝《示添丁》中的詩句「忽來案上翻墨汁，塗抹詩書如老鴉」。原因在於，古人寫字用墨汁，寫出來的東西自然也是黑色的，與烏鴉的顏色一樣。後人便用「塗鴉」來比喻書畫或文字的拙劣，這種說法多有謙稱的意味。

　　到了現代，街頭建築物牆壁上各類色彩鮮艷的圖案或是奇形怪狀的文字，均可被稱作「塗鴉」。可見，「塗鴉」一詞發展到今天，含意又多了幾種。紐約市立大學的學者愛德華在《世界百科全書》中寫道：「塗鴉」經常寫在公共廁所、公共建築的牆上，或公園的石頭上。有些單字和片語不甚健康，有時只是寫人的名字，也有關於性的，還有許多是政治口號。

　　「塗鴉」作品已然成為某些階層作為心理宣洩的衍生品，具有較強烈的反叛色彩和隨興風格，甚至有些還帶有反傳統、反社會精神。

Trivia
68 為什麼說「八字沒一撇」？

　　「八字沒一撇」的說法和朱熹有關。

　　南宋理學家朱熹，在哲學思想上承襲了程頤和程顥的學說，為理學之集大成者。朱熹主張恢復三代之治，願周孔之道常存，提出「存天理，滅人欲」，強調「正心、修身、齊家、治國、安天下」等。

　　「八字沒一撇」來自朱熹所寫的《與劉子澄書》一文。文中說：「聖賢已是八字打開了，人自不領會，卻向外狂走耳。」這段文字的意思是，通向聖賢的大門早已敞開，可是人們並不理會，不但不進門，反而朝外走。這句話的主題雖說是讓人們學習聖賢之道，但也流露出朱熹對這些人的惋惜、遺憾而又無可奈何的心情。可是，他大概怎麼也想不到這句話竟會成為「八字沒一撇」之源。

　　「八」字形似兩扇門，朱熹在這裡以八喻門只是取其形象罷了。「八字沒一撇」原指沒門兒，現在演變為沒辦法、沒有眉目、沒有頭緒、不沾邊的意思。

Trivia
69

「花名冊」為什麼叫「花名冊」？

　　我們經常把名冊或名單叫「花名冊」，這是為什麼呢？和花有關係嗎？事實上，「花名冊」與花沒有任何關係，倒是和古代的戶籍制度密切相關。戶籍是登記管理人戶的冊籍，亦稱籍帳。籍帳的起源很早，從春秋時期就有相應的戶籍制度。經過歷朝歷代的不斷補充完善，戶籍制度逐漸成為古代社會統治的一個重要政策。

　　「花」的意思是指錯雜繁多。古時候在登錄戶口的冊子中，把人名叫做「花名」，戶叫做「花戶」。《元典章·聖政二·均賦役》記載：「差科戶役先富強，後貧弱，貧富等者先多丁，後少丁，開具花戶姓名。」《清史稿·食貨志一》也有記載：「冊內止開裡戶丁實數，免列花戶，則簿籍不煩而丁數大備矣。」都指出「花戶」在戶籍中的地位，「花名冊」即由此而來。

　　另外，古代也把娼妓在妓院中使用的化名稱作「花名」，這是因為將女子比喻為花的緣故，如：元代宋無《直沽》詩：「細問花名何處出，揚州十里小紅樓。」用的就是這個意思。

　　現在雖然多用「名單」、「名冊」等詞語，但偶爾仍會使用到「花名冊」一詞。

「三更半夜」的用法是何時形成的？

「三更半夜」是現代漢語中的常用詞彙，這個用法是什麼時候形成的呢？事實上，這個詞起源於宋代。宋太宗時陳象輿、胡旦、董儼、趙昌言是好友，四人志趣相投，常聚在一起談論至深夜。

《宋史‧趙昌言傳》記載：「日夕會昌言之第，京師為之語曰：『陳三更，董半夜。』」「三更半夜」一詞由此形成。古人用來說白天與黑夜的名稱不同，白天說「鐘」，黑夜說「更」或「鼓」。換句話說就是白天說「幾點鐘」，直到暮起（酉時，今之十九時）因擊鼓報時的原因，又說是幾鼓天。

夜晚說時間也有人用「更」，這是由於巡夜人邊巡行邊打擊梆子，以點數報時的關係。舊時一夜分為五更，有春聯云：「一夜連雙歲，五更分二年。」這裡就用「五更」代指除夕一夜。其換算方式，第三更是子時，等於現代夜間十二時左右，已是深夜時分，後來便用「三更半夜」來指深夜了。

Trivia 71 「鳳凰涅槃」是佛經故事嗎？

　　「鳳凰涅槃」的意思是鳳凰經歷烈火的煎熬和痛苦的考驗獲得重生，並在這一過程中使生命得到昇華。

　　鳳凰在大限到來之時集於梧桐枝自焚，在烈火中獲得新生後，其羽更豐，其音更清，其神更髓。世人遂以此詞寓意不畏痛苦、義無反顧、不斷追求、提升自我的執著精神。

　　涅槃為音譯，及意譯為滅度、寂滅、安樂、無為、不生、解脫、圓寂。涅槃原意是火的熄滅或風的吹散狀態，並在佛教出現以前就有這個概念，後佛教用來代表修習的最高理想境界。

　　傳說中，鳳凰是人世間幸福的使者。每五百年，牠就要背負著五百年來人世間的所有不快和仇恨恩怨，投身於熊熊烈火中自焚，以生命和美麗的終結換取人世間的祥和與幸福。而且，只有在肉體經受了這樣的巨大痛苦之後，才能以更美好的軀體重生。

我們什麼稱說大話為「吹牛」呢？

　　吹牛一詞來源於陝甘寧和內蒙古一帶。以前，這些地方的人過河靠的是皮筏。皮筏有羊皮製，也有牛皮製，需要用的時候就往裡面吹氣，紮好口後，作為渡河的工具。把小皮筏連在一起，就成為一艘大皮筏，大皮筏連在一起，可以承載數千斤的重物過河。所謂吹牛，在當時指的其實是往皮筏裡吹氣的意思，看似簡單，其實很需要技巧。

　　還有一個故事也與吹牛相關。宋朝有一個叫楊璞的人，很愛吹牛，自稱是東野遺民。當時宋真宗求賢，於是有人就把他舉薦上去。但實際上他什麼也不會，皇帝要他做一首詩，但是一天下來，他什麼也沒有寫出來。宋真宗看他為難，又可憐他年紀大了，便要他第二天再把詩交上來。

　　接下來一整個晚上楊璞輾轉反側，根本睡不著，直到天亮時才想起從家裡出門時老婆的臨別贈言。於是第二天，他就把老婆子的臨別贈言獻了上去：

　　更休落魄貪酒杯，亦莫倡狂亂詠詩。

　　今日捉將宮裡去，這回斷送老頭皮。

　　宋真宗看完他的詩後感到好笑，問是誰寫的，他如實交代。宋真宗說：「看在你老婆的分上，這次放過你這個吹牛大王，要不真要了你的老頭皮！」於是，說大話便被稱為「吹牛」了。

Trivia
73
城隍廟的「城隍」有什麼含義？

　　道教把城隍當做「剪惡除凶，護國保邦」之神，說他能應人所請，旱時降雨，澇時放晴，保谷豐民足。我們現在經常把城隍看做當地的神，掌管一方事務。城隍是神鬼世界中的一城之主，他的職權範圍相當於人世間的縣官。

　　城隍最早的含義是由「水庸」衍化而來的。最初的城隍並不是神，而是指城郊外面的護城壕。《禮記·郊特牲》有載：「天子大臘八，祭坊與水庸。」鄭玄注：「水庸，溝也。」古代人最早信奉的護城溝渠神就是水庸神，後來逐漸演變為城郊的守護神，即城隍神。

　　據文獻記載，早在西元239年就有了城隍廟，此後逐

漸遍佈全國各地。城隍雖屬道教之神，但歷代帝王多很重視城隍，屢次予以加封。如：後唐末帝李從珂封之為王，元文宗又封及城隍夫人。

城隍本來是沒有姓名的。自宋代後，城隍便被人格化了，很多殉國而死的忠烈就被封為本城城隍。《宋史•蘇緘傳》記載：「緘殉節於邕州，交州人呼為蘇城隍。」這類被人格化的城隍多以當地名人為主，如：蘇州的城隍是春申君，杭州的城隍是文天祥，鄭州城隍廟供奉的城隍爺是紀信，等等，都是城隍人格化的結果。

不論城隍是神還是人，當地百姓都認為祂能保一方平安，因此祭祀城隍也就成了一種傳統。

一個人正在工作，這時他的衣服被撕破了，這個人就死了。這是怎麼回事？

這人穿的是太空服，當時他正在太空行走。

為什麼出租房子的人叫做「房東」，為何不說房西、房南、房北？

　　出租或出借房屋的人被稱為房東，而不是房北或房南，這是為什麼呢？

　　原因是自古以來，中國人便以東為大。老式房屋的組成一般都是一座朝向南的主屋，主屋的前面兩側再造東西向的廂房，東廂房就是上房，而上房定是主人或家中最受尊崇者的住房。上房連晚輩和下人都不能住，更不要說是出租給外人了。

　　所謂的房東就是住在東首上房的人，也就是主人的意思。至於為何以東為主，則與星相學有關。在古代周易的星相學說中，東南西北四宮各有四大神獸鎮守，東宮蒼龍，南宮朱雀，西宮白虎（咸池），北宮玄武，其又各屬七個星宿，合計二十八星宿。

　　東宮蒼龍所屬七宿是：角、亢、氐、房、心、尾、箕。《史記·天官書》記載：「東宮蒼龍，房、心。」龍作為華夏民族的圖騰，是吉祥、長久的象徵，古代帝王以龍子自居，因此以東為尊也就可以理解了。

「四面楚歌」中的「楚歌」指的是什麼歌？

我們經常用「四面楚歌」來比喻陷入四面受敵、孤立無援的窘迫境地。那麼讓項羽鬥志全失的「楚歌」到底指的是哪裡的歌呢？

歷史上楚國的範圍並非一成不變，而是隨著戰事的進行不斷變化的。西元前278年，秦將白起攻破郢都，楚國被迫遷都到陳（今河南淮陽），又遷都巨陽（今安徽太和縣東），西元前241年又遷都壽春（今安徽壽縣）；西元前223年秦兵攻破壽春，楚國滅亡。

楚國的國都不斷東遷，楚人隨之進入江淮下游地區，因此長江、淮河下游也開始被稱為「楚地」。由此可以推斷，楚歌應是長江、淮河下游地區的民歌。

Trivia 76 「江郎才盡」的江郎指的是誰？

今常用江郎才盡比喻人才思枯竭，而其中江郎指的是南朝時人江淹。

傳說江郎小時候特別有才華，是個大有名氣的小神童。有一年，他突然做了一個夢，夢見神仙跟他說：「我多年前在你這兒放了一隻五色神筆，你用了不少年，也該還給我了吧。」結果江淹醒來後，發現自己再也寫不出優美的詩句了。

但其實，江郎才盡的原因與神仙並沒有關係。江淹早年家境貧寒，所以求學過程刻苦，「留情於文章」。到了後半生，官做大了，名聲也大了，認為平生所求皆已具備，功名既立，便須及時行樂了。於是由嬉而隨，耽於安樂，自我放縱，不再刻苦砥礪，後來詩文才逐漸退色。

Trivia 77 為什麼把行為不端叫做「不三不四」？

　　想要明白「不三不四」一詞的含義，需要先瞭解古人對「三」和「四」的特殊感情。

　　「三」在古代不僅是一個吉祥數字，而且還用作整體的象徵，表示多、全的意思。取「三」為名的事物，如：一日三秋、三思而行，多半含義深遠，其味無窮。至於「四」，古意則多含有周全、稱心，取事事（四四）如意之義，諸如：四季、四方、四海之類。

　　既然在傳統文化中，「三」與「四」被人們寄予對美好事物的追求和禮讚，所以那些不正派、不正經的人及其言行，便被斥為「不三不四」了。

　　湖面上有一條船，船裡的男人正在釣魚，他把船底打了一個洞，可是船並沒有下沉，為什麼？

　　湖面結冰了，打洞是為了釣魚。

Trivia 78 為什麼罵人時總說「不要臉」而不說「不要面」？

　　說一個人不顧顏面、不知羞恥，就是「不要臉」。為什麼卻不會罵「不要面」呢？古代的臉與面是指人體的同一個部位嗎？

　　這其實只是書寫和口語的不同。臉和面在現在看來意思差不多，但在古代意思卻是有差異的。臉這個字出現得比較晚，大約是魏晉以後才產生的，最初的意思其實是「頰」。除此之外，臉在古代還有瞼的意思，也就是眼皮。

　　「面」屬於書面用語，多用於文學作品之中。相對而言，「臉」就是口語，時常出現在口頭對話之中。

　　為什麼爸爸送給樂樂一份生日禮物，樂樂卻一腳把它踢開？

　　因為禮物是個足球。

Trivia
79
我們常說的「染指」到底
跟哪個指頭有關？

　　現在我們常用「染指」一詞來比喻圖謀非法利益，這個詞語跟食指有關。

　　左傳中說，春秋時期鄭國子公的食指有特異功能，每次在吃到美食之前，食指都會大動，為他預報。一次，他的食指又抖動不停，果然不久他就受詔入朝，一上朝就看到堂柱上綁縛著一個大黿。鄭靈公得知子公有預知美食的本領後，故意不給子公上黿肉，卻讓其他的大臣都享用了美食。

　　子公惱怒之下，逕自走到鄭靈公面前，將食指伸入鼎（諸侯王專用炊具）中，嚐了一口之後便直趨而出。

　　鄭靈公非常氣憤，覺得子公不守禮儀，蔑視自己，揚言要懲治其罪。結果卻是子公先下手殺了鄭靈公，造成了鄭國由盛而衰的內亂，自己也死於內亂中。

　　於是，「染指」一詞便由此而來，雖在一開始時是泛指品嚐某種食品，後來演變為有非分之想或企圖插手參與某事，皆泛稱為染指。

Trivia 80 「拔河」拔的又不是河，為什麼不叫「拔繩子」就好？

體育活動「拔河」拔的既然是繩子，為什麼不叫拔繩子呢？

拔河來源於春秋時期的楚國。楚國地處長江、淮河下游地區，國內水道縱橫，因此楚國除陸軍外，還有一支強大的水軍舟師，且發明了一種名叫「鉤拒」的兵器，專門用於水上作戰。當敵人敗退時，軍士可以鉤拒將敵船鉤住，使勁往後拉，使之逃脫不了。後來鉤拒從軍中流傳至民間之後，演變成一種遊戲，最早稱為「鉤拒之戲」，後演變為拔河比賽。

到了唐代，拔河活動已廣泛展開。「大麻全長四五十丈，兩頭分繫小索數百條」，可見古代參加拔河的人數比現在多得多。大繩正中插一根大旗，旗的兩邊畫兩條分隔號，稱為河界線。比賽時，以河界線為勝負標誌。此後便改稱「鉤拒之戲」為「拔河」了。

Trivia
81

《梅花三弄》中「弄」是什麼意思？

　　《梅花三弄》是中國的古曲，又名《梅花引》、《玉妃引》，曲譜最早見於明代《神奇祕譜》，為晉代桓伊所作。

　　《梅花三弄》以泛聲演奏主調，並以同樣曲調在不同徽位上重複三次，故稱為「三弄」。《樂府詩集》之《卷三十平調曲》、《卷三十三清調曲》中各有一解題，提到相和三調器樂演奏中，以笛作「下聲弄、高弄、遊弄」的技法。今琴曲中「三弄」的曲體結構可能就是這種表演形式的遺存。

　　關於《梅花三弄》的樂曲內容，歷代琴譜都有所介紹。與南朝至唐的笛曲《梅花落》主要表現怨愁離緒的情感不同，明清琴曲《梅花三弄》多以梅花凌霜傲寒、高潔不屈的節操與氣質為表現。

「一問三不知」是哪「三不知」？

　　我們經常說的「一問三不知」出自《左傳》，晉國的荀瑤領兵伐鄭，中行文子說：「君子之謀也，始中終皆舉之，而後入焉。今我三不知而入之，不亦難乎？」意思是，謀劃事情要對整個事件的開始、發展和結局都弄清楚，才能決定最後該怎麼辦。現在我們什麼都不知道，不是很難做嗎？

　　也就是說，只有在對敵軍的情況瞭若指掌時才可以決定戰術。因此，「三不知」是指始、中、終三階段的情況都不知道的意思。

　　如果有一台電腦能幫你完成一半的工作，你將怎麼辦？

　　再去買一台電腦。

Trivia 83 「銅臭」是指銅生鏽發臭的意思嗎？

「銅臭」是指銅生鏽發臭嗎？「銅臭」一詞是有典故的。

根據《後漢書・崔烈傳》記載，東漢時有一個名叫崔烈的人用五百串銅錢買下相當於丞相的司徒官職。由於司徒與太尉、御史大夫合稱「三公」，是掌握軍政大權、輔助皇帝的最高長官，所以人們雖然對崔烈的醜行很憤慨，但當著他的面並不敢談及此事。

一天崔烈問兒子崔鈞：「吾居三公，於議者何如？」意思是說，人們對我當上三公有何議論。崔鈞據實相告：「論者嫌其銅臭。」意思是說，議論的人嫌銅錢多而發臭。「銅臭」一詞由此而來，可見「銅臭」並不是指銅鏽發臭的意思。

Trivia 84 為什麼事情沒辦好叫做「砸鍋」呢？

現在人們常把事情沒辦好稱為「砸鍋」，這是為什麼呢？

事實上，「砸鍋」一詞與戲劇有關，最早的意思是指戲演得不好。清末時，北方的京劇曾同山西梆子、直隸梆子（今河北梆子）同台演出，而劇碼、表演等又仍保持原狀不相混合，因而人們稱之為「兩下鍋」。

南方的滇劇，其腔調包括襄陽、胡琴、絲弦等三種，原來唱的是同一種腔調，後來逐漸變成三種腔調混合演，俗稱「三下鍋」。於是「鍋」成了「戲」的代名詞。

舊時，人們常用「砸飯碗」比喻失業，於是就把戲演得不好、演不下去稱為砸鍋。再後來，又被引申為事情沒做好、辦不下去了的意思。

Trivia 85　中國人以左為尊還是以右為尊？

　　古代等級制度嚴格，左右等方位也可以做為區別尊卑高下的標誌，普遍實行於各種禮儀之中。由於君主受臣子朝見時，南面而坐，左東右西；臣子北面而立，左西右東，朝臣依官位由尊至卑一字排開。各朝對尊卑的禮制各有不同，若官位高者在東，卑者在西，則尊右賤左；反是，則尊左賤右。

　　「左」「右」孰尊，各代情況不一，考核史籍，情況大致如下：

　　夏商周直到戰國時，都是朝官尊左；宴飲、凶事、兵事尊右。在軍中也是尊右。這一傳統主要起源於對天體運行的觀察，如：《逸周書・武順》上就說：「天道尚左，日月西移。」到了清秦代，依然尊左。直到漢代才開始尊右，《史記.陳丞相世家》：「乃以絳侯勃為右丞相，位次第一。平徙為左丞相，位次第二。」可見，右丞相地位高於左丞相。

　　《漢書・周昌傳》中顏師古注解「左遷」時說：「是時尊右而卑左，故謂貶秩位為左遷。」到了六朝的時候，朝官尊左，燕飲、凶事、兵事尊右。六朝之後，除了元

代尊右，唐宋明清都是尊左。所以在一般喜慶活動中，以左為貴，在凶傷弔唁中，以右為尊。

　　中華文化源遠流長，由多民族、各地域的文化匯聚而成，「左」「右」孰尊，古今有別，情形各異。近代的以「左」為尊，主要是明清以來形成的。

哈哈笑

　　大衛正在籌備他的公司創建50周年的慶祝活動。「你聽著，」他要求代理人，「我對這個慶祝活動的要求是：既引人注目，又讓職員都感到高興，同時又不花一毛錢。」

　　「那太難了。」代理人為難地說。

　　「你一定要照辦，不惜一切代價達到這個要求！」大衛加強語氣說道。

　　「辦法是有的，只是您聽了可能會不高興。」代理人輕聲而有點擔心地說。

　　「只要能符合上述三條標準，我一定照你說的辦。」大衛很有決心地說。

　　「那就請您跳樓吧！這樣既引人注目，又不花錢，而且您的雇員將都會非常高興。」代理人不緊不慢地說道。

「拱手之禮」怎麼拱才對？

　　在傳統習慣中，親友相見除握手禮以外，尤其在是春節團拜時，還可以行拱手禮。

　　拱手禮是一種重要的傳統禮節，已沿用兩千多年。

　　施拱手禮的方法是：行禮者首先立正，右手半握拳，然後用左手在胸前扶住右手，在雙目注視對方的同時，拱手齊眉，彎腰自上而下，雙手向前朝對方輕輕搖動。行禮時，可向受禮者致以祝福或祈求，如：「恭喜發財」、「請多關照」等。

　　需要注意的是，行拱手禮時，一定要用左手扶抱右手，意味著施禮者願在受禮者面前收斂自己的鋒芒，向受禮者表示友好。林語堂在《生活的藝術》一書中曾推崇中國的拱手禮，認為拱手禮優於握手禮的地方有二：一是從醫學衛生的角度講，拱手禮不致發生接觸傳染，有益人體健康：二是從心理感受的角度講，拱手的力度、時間的長短，完全取決於自己，不會感受到對方的壓力。

Trivia
87

傳統戲曲中，「紅臉」和「白臉」各代表什麼屬性的角色？

　　「一個唱紅臉，一個唱白臉」常被用來比喻在解決矛盾衝突的過程中，一個充當友善或令人喜愛的角色，另一個充當嚴厲或令人討厭的角色，這個說法正是來自傳統戲劇。

　　在傳統戲劇中，一般把忠臣（好人）扮成紅臉，而把奸臣或者壞人扮成白臉，後來人們就用紅臉代表好人，用白臉代表壞人。而現在又常用來引申為做事情的時候兩人合作，有的說好話，有的說壞話。也就是一個做壞人，一個做好人，目的是讓做好人的那一方贏得人心，或者迫使對方做出更符合己方利益的選擇。這種說法被說成：「一個唱紅臉，一個唱白臉。」

　　在談判時，一味地咄咄逼人，或者是一味退讓，都難以達到預期的目的，如果處理不當，有時候甚至會讓談判陷入僵局。因而，軟硬兼施的紅白臉策略便經常被談判者採用。紅臉用軟的方法動之以情，使對方看到自己的誠意，增強信任和友誼，以柔克剛。白臉則用硬的手段，使對方看到自己的決心和力量，以強取勝。

這個方法其實也從心理學上得到印證，就是當一個人的思緒上下波動時，理智通常會降低。所以，一般來說商務談判中，若兩個人分別扮演紅臉和白臉，軟硬兼施，更容易達到目的。

Trivia 88 喪葬期間可以理髮嗎？

　　傳統習俗認為喪事時忌理髮、剃鬚的習俗。如果家中有人死亡，男性一旦得知兇信，一個月或百日之內就不得理髮、刮鬍子。

　　原因可能是髮鬚受之於父母，所以不在先輩亡故時拋棄，以示孝敬之心，表哀痛和思念之情；也有人說，是因為追憶故人悲傷感懷，不思整理容顏，以表明孝心；還有人認為，不理髮、不剃鬍子是為了改變自己的形貌，使亡靈不能辨認，以免凶事殃及自身。

　　前兩種說法都與禮教有關，是受儒家思想影響的結果，最後一種說法則與髮鬚和靈魂以及巫術迷信有關了。

Trivia
89

吃飯時有什麼忌諱？

　　吃飯是一件正事，忌諱心不在焉、思緒不集中。還有些人忌諱吃飯時看鏡子，或是邊吃飯邊工作、邊吃飯邊玩耍，認為這些是對家神的不敬。俗話說：「吃飯不要鬧，吃飽不要跑」。許多地方還忌諱吃飯時說話，民間有「食不語」的俗諺。

　　蒙古人吃魚時也忌說話。因魚有刺，易傷喉嚨，並稱熟魚肉為「啞口菜」。

　　「食不語」除了衛生之外，還有防止說出不吉之語的作用。吃飯時說出不吉利的話更是忌諱，吃飯時忌提傷、亡、病、災、禍等凶事，否則不吉。

　　有些地方，吃飯時忌諱筷子掉在地上，認為這樣不吉利。又有「作踐穀物，必遭雷擊」、「小孩剩碗底，長大娶麻妻」、「吃不光，好生瘡」等。因此家長總是要求孩子從小就明白吃多少盛多少，要學會掌握自己的飯量。

Trivia
90
用筷子也有講究嗎？

　　中國人是用筷子吃飯的，筷子一般用右手執拿。《禮記・內則》云：「子能食食，教以右手。」左手拿筷子，在民間認為是反常，俗稱「左撇子」。拿筷子的位置一般要適中，忌諱拿得過高或過低。

　　老人家常說，手拿筷子的部位高低，可以預測小孩子日後結婚的對象離家遠還是近。筷子拿得高的人，嫁娶的對象一定離家遠；筷子拿得低得人，嫁娶對象一定離家近。

　　大體來說，用筷有八忌：

　　一忌舔筷，忌用舌頭舔筷子。

　　二忌迷筷，忌拿不定主意要夾什麼菜，而手握筷子在餐桌上遊移。

　　三忌移筷，忌剛吃了一個菜接著又吃另一個菜，中間不停頓，不配飯。

　　四忌粘筷，忌用粘著飯菜的筷子去夾菜。

　　五忌插筷，忌把筷子插在飯菜上。

　　六忌跨菜，忌別人夾菜時，跨過去夾另一個菜。

　　七忌掏菜，忌用筷子翻弄菜餚。

　　八忌剔筷，忌用筷子代替牙籤剔牙。

這些也是家庭吃飯或宴客時的禁忌俗規，多是關乎衛生、謙讓、禮貌的。這說明中國人重視飲食場合的莊重和嚴肅，如不以此為戒，觸犯這些禁忌，則會被認為是沒有禮貌或沒有教養。

Trivia
91
中國傳統民俗中有哪些食物是禁忌？

在湖北一帶，有六月嚐新忌雞，謂禁饑（雞）也。

在食物形象方面的禁忌，如：杭州、湖州一帶，曾經有忌食螃蟹的習俗，認為死後將被驅入蟹山受罪，飽受蟹爪刺傷之苦。又以為蟹背有星者、腳不全者、獨目者、腹有毛者，食之能害人，有風疾者更忌食。

在台灣除夕夜團圓飯一定要有魚，但因為「魚」和「餘」同音，所以魚這道菜不可以吃完，象徵「年年有餘」的意思。有些地方甚至完全不碰這魚，吃完年夜飯後就把魚收起來，初一又加熱端上桌。

Trivia
92 穿戴有何講究？

　　衣冠忌穿著隨便，尤其忌異常穿戴，如：反穿衣、反懸冠等。河南沁陽一帶有「反穿羅裙，另嫁男人」的說法，孀婦只有在改嫁時才會反穿羅裙。若女人平時反穿羅裙，自然是不吉祥的，是大忌諱。

　　另外傳統習俗中又有親人死後要反穿衣的習俗。許多地方在為亡者穿壽衣時，並不直接穿在死者身上，而是先讓孝子或親屬將衣服反過來層層穿好，再脫下來一次穿到亡者身上。所以平日裡就特別忌諱將衣服穿反，因為這就意味著詛咒自己的親人死去。至於人死後反戴帽子的習俗，據《無何集》云：「毋反懸冠，為似死人服。」可見反懸冠也是凶相，所以也是禁忌。

　　穿戴不能隨便還包括忌穿別人穿過的衣服。有些習俗認為衣服上會附著本人的靈魂，那麼穿上別人穿過的衣服自己的靈魂也就不得安寧了，青海藏民特別忌諱這一點。其他民族中也都有類似的習俗，甚至忌諱曬乾的衣服不收下疊好放一段時間，而是直接穿在身上，會讓人變成「竹竿鬼」。因為過去晾曬衣服是用竹竿把衣服穿撐起來的，看上去就像是一個竹竿人穿著衣服似的。

　　民間還忌諱服飾不整齊。古時有些地區重視帽子，

以露頂為羞恥，忌諱不戴帽子。或者忌諱帽子戴歪，俗語稱「歪戴帽，狗材料」。還有忌諱衣扣不繫或繫錯，忌諱不穿鞋襪，或只穿一隻鞋襪。尤其是在祭祀的場合，衣著穿戴更要整潔莊重，不能過於簡單，否則就是冒犯神靈。舊時，苗族人甚至在平日居家入寢時也不解裙，唯恐衣飾不整冒犯了鬼神。

另外，在傳統習俗中，參加葬禮時必須穿黑色或素色服飾，而參加婚禮時則忌諱黑衣，喜愛紅色服飾，取其「喜氣洋洋」之意。

哈哈笑

父親用小楷筆寫了「一」字教兒子，教了大半天，總算把兒子教會了。

第二天清早，父親抹桌子時，兒子正好在旁邊站著。於是他順手用濕布在桌子上畫了一橫，問兒子：「這是個什麼字？」

兒子看了好大一會兒，搖搖頭說：「我個字我不認識。」

父親聽了，非常生氣地對兒子說：「這就是我昨天教你認的『一』字呀！」

兒子一聽，瞪大眼睛說：「只隔了一夜，怎麼就長得這麼大了？」

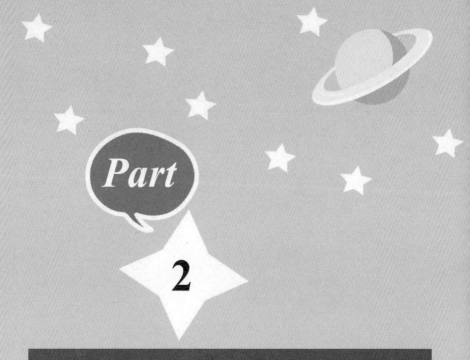

Part 2

過生日為什麼要吹蠟燭？
——超好玩的科學知識

Trivia 01 眼鏡到底是誰發明的？

　　歷史上最早出現眼鏡的紀錄是在一二八九年的義大利佛羅倫斯，據說是一位名叫阿爾馬托的光學家和一位生活在比薩市的義大利人斯皮納一起發明的。後來美國發明家班傑明‧富蘭克林，因為深受近視和遠視之苦，於一七八四年發明了遠近視兩用眼鏡。一八二五年，英國天文學家喬治艾利發明了能矯正散光的眼鏡。

　　有人認為，其實中國人在兩千年前就發明了眼鏡。明朝萬曆年間，田藝蘅在《留青日劄‧靉靆》中云：「每看文章，目力昏倦，不辨細節，以此掩目，精神不散，筆劃信明。中用綾絹聯之，縛於腦後，人皆不識，舉以問余。余曰：此靉靆也。」這裡的靉靆即眼鏡最初的叫法。

　　早期中華歷史中，關於眼鏡的圖像及實物資料存世不多。明畫《南都繁會景物圖卷》，描繪明永樂年間南京城民眾的生活場景，其中就有一老者戴著眼鏡。

　　清代趙翼則稱眼鏡傳入中國，是在明朝宣德年間。到了清嘉慶年間，眼鏡已經得到普及，張子秋在《續都門竹枝詞》云：「近視人人戴眼鏡，鋪中深淺制分明。更饒養目輕猶巧，爭買皆由屬後生。」清李光庭所著《鄉言解頤》記載，古時候眼鏡乃根據子丑寅卯等十二地支，

來劃分深淺標度。

　　自十三世紀人類發明鏡片以來，一直都是使用水晶玻璃來磨製鏡片，除此之外，也使用人造水晶，後來才開始使用玻璃鏡片。到了一九三七年，法國發明了一種壓克力塑膠眼鏡片，雖不易破碎，但清晰度較差。直至一九五四年，法國依視路公司其中一位工程師從製作飛機座艙的材料中得到啟發，發明了樹脂鏡片。自此以後，這種鏡片便成為世界鏡片王國的至尊，一直沿用到今天。

　　某晚，老婆正在廚房忙著晚餐，大明為了體貼老婆，想幫老婆做點家務。於是就對老婆說：「親愛的，我能幫忙什麼嗎？」

　　老婆說：「看你笨手笨腳的，就幫忙剝洋蔥好了。」

　　大明想這個再簡單不過了。不過剛剝不久，大明就被嗆得一把鼻涕一把淚。心想，這可不是那麼簡單，又不好意思去向老婆請教，只好打電話向老媽討救兵。

　　老媽說：「這很容易嘛，你在水中剝不就得了。」

　　大明於是按著老媽的方法，完成了任務，開心得不得了。

　　隔天，大明打電話向老媽說：「老媽，妳的方法真不賴，不過就是要時常換氣，好累人喔。」

Trivia 02 淫穢書籍為什麼被稱為「黃色書籍」？

　　我們今天經常用「黃色」指稱帶有明顯色情意味的東西，對此大家已經約定俗成，這是為什麼呢？

　　這與頹廢派的形成有很大的關係。一八九四年，英國創辦了一份雜誌，名字就叫《黃雜誌》，一批有世紀末文藝傾向的小說家、詩人、散文家、畫家等圍繞該雜誌形成一個文藝集團。

　　他們的作品，有時帶有一點色情意味，但不能算淫穢。然而隔年四月三日，當時極負盛名的英國劇作家王爾德，因同性戀身份遭到逮捕。王爾德在被捕時脅下就夾了一本《黃雜誌》，這使得《黃雜誌》名聲大受損害，人們想當然地認為這份雜誌和王爾德同樣惡名昭彰。

　　其實王爾德被捕那天，脅下夾的書是法國作家比爾·路易的小說《愛神》，碰巧這本小說和當時法國許多廉價小說一樣，是黃色封面。

　　在當時這種小說被稱為「yellow book」，也被認定是不登大雅之堂。此後，不管是《黃雜誌》也好，「yellow book」也好，都使得黃色與性、色情等概念產生了聯繫，並流傳至今。

Trivia 03

黑色幽默到底是什麼幽默？

　　黑色幽默（Black humor）是一個舶來語，有些評論家把「黑色幽默」稱為「絞架下的幽默」或「大難臨頭時的幽默」。

　　1965年3月，弗里德曼編了一本短篇小說集，其中收錄十二位作家的作品，書名為《黑色幽默》，後來它成為美國小說創作中最有代表性的流派之一。「黑色幽默」一詞即由此而來。

　　該流派小說家突出描寫人物周圍世界的荒謬和社會對個人的壓迫，以一種無可奈何的嘲諷態度表現環境和個人（即「自我」）之間的互不協調，並把這種互不協調的現象加以放大、扭曲，使它們顯得更加荒誕不經、滑稽可笑，同時又令人感到沉重和苦悶。

　　因此，該派作家往往塑造出一些乖僻的反英雄式人物，藉他們的可笑言行影射社會現實，表達作家對社會問題的看法。

Trivia 04 婚後第一個月為什麼叫「蜜月」？

　　婚後第一個月叫做「蜜月」，是因為第一個月最甜蜜最幸福嗎？據說在西元前4世紀時，居住在歐洲近北海沿岸一帶的條頓人在辦婚禮時習慣從舉行婚禮那天開始，每天都要飲幾杯用蜜製作的糖水或酒，象徵幸福及美好；同時還要出外旅行，旅行時間為三十天，恰好是一個月，因此他們就把婚後的第一個月稱為「蜜月」。後來這種習俗逐漸傳遍歐洲各地，並且很快風行世界。

　　現在，「蜜月」不只被用來代表新婚夫婦婚後生活的代名詞，也被引申為任何兩方在長期合作的初期，彼此因為不夠熟悉，互動仍會保持距離的時期。比如：職場新人來到一個工作壓力較大的新環境，因為不熟悉彼此的個性，所以伙伴之間相敬如賓，互相不敢得罪對方，就會被戲稱為蜜月期。

　　這段期間不一定為三十天，而是根據新婚夫婦的生活情況，或是工作伙伴間磨合的情況而定。

「黑名單」一詞是怎麼來的？

提到黑名單，大家首先想到的是為了某種目的而列出的對手名錄，通常這樣的名單都是機密。但這個詞是怎麼來的呢？為什麼是黑名單呢？

黑名單一詞來源於世界著名的牛津和劍橋等大學。這些學校規定：對於犯有不端行為的學生，要將其姓名及行為列案記錄在黑皮書上。只要名字上了黑皮書，就會名譽掃地，做很多事情都會受到限制。

沒想到學校懲罰學生的做法，卻被當時一位英國商人引入商業活動中，用黑皮書來懲戒那些時常賒欠不還、不守合約、不講信用的顧客，後來甚至將一些破產者和即將破產者的名字也排在黑皮書上。事情傳開以後，商人們便開始爭相仿效，繼而各行各業都興起了黑皮書。黑名單便在工廠和商店老闆之間祕密地傳來傳去。

直到1950年9月，美國國會通過《麥卡倫法案》。同年12月，總統杜魯門發佈命令，宣佈美國處於「全國緊急狀態」，正式實行《麥卡倫法案》，他們編制了形形色色的黑名單，按名單逮捕並迫害了大批人士。從此以後，黑名單這個名詞便在各行各業中被廣泛應用了。

Trivia 06 為什麼要叫星期日，不叫星期七？

　　星期六之後直到下星期一之前的那一天，為什麼被稱為星期日，而不是星期七。

　　星期日在拉丁語中意思是太陽日；法語的星期日則是來源於拉丁語詞，意思是主的日子；英語的Sunday來源於太陽日；俄語的意思是指禮拜日。

　　在古代中國和現在的日本、韓國、朝鮮，本來都是以「七曜」來分別命名一週七天，星期日則稱為「日曜日」。

　　另外，根據聖經的說法，耶穌是在星期日這天復活的。所以基督教以星期日作為禮拜日，也代替安息日。並且基督教國家都是在星期日休息，一起到教堂做禮拜。

Trivia 07 阿拉伯數字是阿拉伯人發明的嗎？

　　阿拉伯數字並不是阿拉伯人發明的而是古代印度人的發明，由阿拉伯人傳入歐洲，因而被歐洲人誤稱為阿拉伯數字。

　　古代印度人發明了包括0在內的十個數字記號，還發明了現在通用的十進位法，並且使用同一個數字記號時，只要所在位置不同，就可以表示不同數值。如果某一位數沒有數字，則在該位數上填0。0的應用，使十進位法臻於完善，意義重大。

　　由於採用計數的十進位法，加上阿拉伯數字本身筆劃簡單，寫起來方便，看起來清楚。特別是在筆算時，演算也很便利。因此阿拉伯數字逐漸在各國流行開來，並成為世界各國通用的數字。

「阿門」是什麼意思？

在基督教徒口中經常聽到「阿門」這個詞，意思是誠如所願。

阿門最初用於猶太教，後來被基督徒所採納，在誦經宣告、唱詩讚美和禱告的最後加上阿門，代表「真誠相信必會如此」的意思。

哈哈笑

找酒井醫生來治病的人，沒有一個被治好過。酒井總覺得自己是不走運。

他的老婆也很奇怪，這天忍不住問他：「我說先生，怎麼你看過的病人沒有一個見好的呢？人家都說，你的醫道很差勁！」

「不！怎麼是這樣呢？我是帝國醫科大學的高材生呀。我的醫道雖高明，可是病人都這麼差勁，我有什麼辦法呢？」

「是嗎？病人又怎麼差勁呢？」

「我是照醫書上來治療的，可是來找我的病人沒有一個是像書上那樣生病的。」

過生日為什麼要吹蠟燭？

Trivia 09

　　過生日的時候吹蠟燭的起源是什麼呢？據說，古希臘人崇拜月亮女神，為了感謝女神賜給人間黑夜中的光明，每當月神誕辰那天夜晚，人們便會準備一塊特製的大蛋糕，插上許多彩色蠟燭，點亮之後放在祭壇上，代表月神賜給人們的光輝，以此表達對月神的感激和崇敬。

　　後來有人開始用同樣的方式為自己的孩子過生日，祝願孩子可以像月神一樣光照四方，造福人間。孩子在此時默默禱告，然後吹滅蠟燭，表示月神已經接受其心意，並將滿足禱告者的心願。此後，過生日吹蠟燭的習俗便逐漸在許多國家流行起來。

Trivia
10 原子筆跟原子彈有關係嗎？

原子筆因為攜帶和書寫方便，現今大為流行。原子筆的筆尖明明是顆圓珠子，為什麼卻叫原子筆呢？和原子彈有關係嗎。

一九三七年，世界上第一支原子筆是由匈牙利人發明的，後來英國皇家空軍購買了這項專利，生產出第一批原子筆，並於國際市場上銷售。當時美國冒險家雷諾攜帶大批原子筆來中國傾銷，他利用當時美國對原子彈的神化宣傳，詭稱原子筆為同一系列發明，所以名稱叫做「原子筆」。

由於雷諾誇大的廣告效果，加上當時人們對所謂原子系列的迷信，原子筆的售價竟比素負盛名的派克金筆還要高。於是，「原子筆」這個稱呼便這樣流傳了下來。

為什麼熱空氣上升，冷空氣下降？

　　氣體受熱後溫度升高，根據熱脹冷縮的原理，在品質不變的情況下，空氣受熱膨脹後密度就減小了，而周圍冷空氣的密度維持不變。

　　此時冷空氣的密度大於熱空氣的密度，同體積的情況下冷空氣的重量便會大於熱空氣的重量，因此產生對流，熱空氣會向上升。

動動腦

　　一位富翁躺在病床上，對守在身邊等著繼承巨額遺產的兒子說：「我想我的病情有所好轉了。」他是怎麼知道的？

 Ans

　　因為他看見兒子的臉色一天比一天難看。

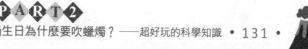

Trivia
12
為什麼坐飛機最好不要
「一路順風」？

　　我們在送機時總會說「一路順風」，但其實坐飛機是絕對不能一路順風的，這是為什麼呢？

　　因為飛機必須逆風起飛和降落才安全。飛機起飛時機翼獲得的起降力大小，取決於飛機與空氣的相對速度。

　　飛機順風起飛時，與空氣的相對速度等於飛機滑行速度減去風速，由於順風時空氣運動速度小，獲得的起降力也就小，滑行距離自然會比無風時要長；而順風著陸時，同樣也因為與空氣的相對速度小，導致飛機必須克服風速影響，因此飛機著陸時不僅滑行距離必須增加，還可能造成著陸困難，導致超過規定接地點，甚至發生飛機衝出跑道的事故。

　　而逆風起降時，飛機只需以小於無風條件的滑行的速度，便可獲得足夠的起降力，既可以縮短起飛滑行距離，又可以減少著陸衝出跑道的事故。

　　所以，雖然送機時我們習慣說「一路順風」，但實際上飛機的起降都是逆風的。

Trivia 13 為什麼暖氣總是安裝在窗戶附近？

　　在安裝有暖氣設備的房屋裡，暖氣設備總是出現在窗子附近。這是為什麼呢？

　　這是為了擋住冷空氣的入侵，因為冷空氣總是從窗縫裡鑽進屋來，將暖氣裝在窗戶附近，就可以在冷空氣一進屋時當場被暖氣捕獲，被轉變成熱空氣後，再沿著天花板流向房間各處散發熱量。

　　在熱空氣完成散熱任務，熱量散失變冷後，再由暖氣為之加熱，讓它再去做同樣的散熱工作。這樣周而復始就使房間暖和起來了。

　　假若暖氣不是放在窗戶附近，那麼冷空氣就會自由自在地直闖進來，等到它在房間裡繞行一大段路，弄得房間冷吱吱之後，才被暖氣捕獲，這時就太晚了。而且也會導致暖氣運作效能降低，浪費資源。

為什麼轉起來的呼啦圈不會掉下來？

在玩呼啦圈時，呼啦圈會跟著腰部的扭動而轉起來，且不會往下掉。

因為呼啦圈在轉動中受到腰部所提供的向心力和摩擦力、反作用力（離心力）的交互影響，造成懸空的結果。直到其中一個力道不足時，就會順著切線方向沿著身體落下。

借助這些力，很多呼啦圈高手可以一直轉不停。很多人會利用呼啦圈健身，因為常搖呼啦圈能有效提高人體腰部、胯部、膝部等關節的靈活和柔韌度，有利於保持好身材。

三個人一起下田，其中一個人卻老站在那裡不動手，其他兩個人還不生氣，為什麼？

那是個稻草人。

Trivia 15 用冰塊冷卻食物時，食物應該放在冰上還是冰下？

　　用冰去冷卻食物時，冰應該放在物體上面。以冷卻水為例來說明。

　　燒開水的時候，我們總是把水壺放在火上，因為空氣受熱後上升，會把水壺包裹起來；而水壺裡燒熱了的水會變輕而上升，把上面較冷的水擠下來，這樣，水壺裡的水很快就被燒開了。

　　然而，冷卻就不是這麼一回事了。空氣受冷後會下沉，如果將冰放在食物下方，冷空氣就無法順利地傳向處於上方的食物，也無法讓食物很快冷卻。

　　假如，把冰放在水壺上方，水壺裡的水就會比較快冷卻。因為冷空氣下沉之後會包裹整個水壺，上層水冷卻以後，也會降到下層，而底下比較暖的水則會升上去，這樣冷熱對流，直到整壺水全部冷卻。

為什麼超商賣的瓶裝飲料都沒有裝滿？

可樂、啤酒等飲料，新買來都不是裝得滿滿的，總是留下一定空間。這是為什麼？

大家都知道，物體壓力會隨溫度的變化而變化。溫度上升時，飲料的體積會因為熱脹冷縮膨脹變大，壓力也會隨之增大。

如果飲料瓶裝得滿滿的，一旦遇到高溫使得瓶內的壓力增大，飲料就有可能衝破瓶蓋或脹破瓶子，造成損失，甚至是不必要的傷害。為了避免這種情況發生，飲料瓶一般都不會裝滿。

Trivia 17 為什麼只有在強光照射下才能看見飄在空氣中的灰塵？

這是對比效應的結果。空氣中本來就飄浮著很多灰塵，當強烈的光線照在飄浮的灰塵上時，光會出現明顯的散射現象，使灰塵顆粒與周圍出現強烈的明暗對比，這時，肉眼就能看見灰塵了。

其實在一般情況下，灰塵也會造成光線散射，只是散射的光度較弱，且因為周圍的光線較強的關係而顯得不明顯，所以人眼才看不見空氣中的灰塵。

從軍十八年的花木蘭換上女裝後，為什麼令昔日的袍澤大感驚訝？

Ans

他們覺得花木蘭還是穿男裝好看。

搧扇子就會覺得涼快，換句話說搧扇子可以改變氣溫囉？

　　夏天天氣很熱的時候，會覺得周圍的空氣也是熱的，這個時候拿起扇子來搧，就會覺得涼快一些，這是為什麼呢？難道扇子可以影響氣溫？

　　受體溫的影響，緊靠人體表面的空氣會比周圍空氣的溫度高一些。在用扇子搧的時候，這些變熱的空氣就被搧跑了，而比體溫低的空氣就能直接接觸到人體表面，人也就感到涼快一些了。

　　另外，也因為人體表面出汗，搧扇子時汗液中的水分加快蒸發，更快帶走人體的熱量，人也會感覺到涼快。

　　不過當氣溫比人的體溫還要高時，比如在攝氏三十八到四十二度之間時，搧扇子反而會感到更熱。所以，搧扇子並不會使外在環境的氣溫發生變化，因為溫度計顯示的是當時的真實氣溫，而使用扇子只是搧動空氣流通，並不會使當時當地的氣溫發生改變。

為什麼厚玻璃杯容易炸裂？

在寒冷的冬天，將熱水倒入較厚的玻璃杯中比倒入較薄的玻璃杯中更容易發生炸裂。這是為什麼呢？

玻璃具有熱脹冷縮的特性，當滾燙的開水倒入玻璃杯時，杯子的內壁受熱後馬上開始膨脹，並拼命往外擠。如果杯子的壁很厚，熱量就無法及時傳出，此時杯子的外壁溫度較低，來不及膨脹，內外壁受力不均，在內層的奮力衝擊下，玻璃杯就很可能被擠破。

而較薄的玻璃杯因為內壁和外壁之間距離很小，開水倒入時，內外兩層幾乎同時受熱，同時膨脹，所以不容易炸裂。

電池裡的電是從哪裡來的？

很多電器裝上電池就可以工作，那麼電池裡的電是從哪裡來的呢？

電池是一種能量轉化與儲存裝置，由兩種不同成分的活性化學能分別組成正極和負極，兩種電極浸泡在具有傳導作用的電解質中。當電池連接在電源裝置上時，就能通過內部化學能的轉換來提供電能，電就是這樣產生的。這種電池裡面的化學能在放電完畢後就只能廢棄。

另外還有一種蓄電池，在使用前要先充電，使電能轉化成化學能，使用時再把化學能轉化為電能，可重複使用，也就是現在電腦或手機裡用的電池。

為什麼十歲的叮噹聽到隔壁的阿姨都叫他「伯伯」，卻一點也不生氣？

因為他是阿拉伯人。

為什麼自己的錄音聽起來很陌生？

當我們用答錄機錄下自己的聲音，再放出來聽時，通常會覺得很陌生，好像那並不是自己聲音似的，這是為什麼呢？

我們說話時，聲音主要是通過聲帶的振動傳到顱骨，再由顱骨傳給聽覺神經；而答錄機裡放出的自己的聲音，則是經由耳朵聽到的，聲音通過空氣的振動傳到耳膜，再由耳膜振動傳給聽覺神經。兩者的傳播方式不一樣，聽起來也就不同了。

不過，如果聽習慣了，也就能確定答錄機裡放出的聲音是自己的聲音了。

牛奶加熱後為什麼表面會浮著一層皮？

　　牛奶中含有提供牛隻生長發育的必須營養成分，蛋白質就是其中非常重要的一種，那層浮在牛奶表面的皮，就是凝固了的蛋白質。蛋白質一旦受熱就會凝固。煮熟的雞蛋之所以會凝固，也是同樣的原因。

　　牛奶中的蛋白質因加熱而凝固，在牛奶表面形成了一層皮。而大部分的蛋白質，尤其是牛奶的蛋白質，即便不加熱，一旦變質也會凝固。

　　蛋白質變質時會產生酸，酸也會使牛奶凝固。用乳酸菌凝固的優酪乳是能夠食用的，因為乳酸菌對人體有益處。如果是自然變質而凝固的牛奶還是不要吃比較好，因為不知道裡面含有什麼可能導致人體生病的細菌。

Trivia 23 馬路口的交通號誌燈為什麼都是紅綠燈，為什麼不用其他顏色的燈？

交通號誌燈的顏色和衣服的顏色有很大的關係。

十九世紀初的英國，紅、綠裝束分別代表女性的不同身份。著紅裝的女人表示已結婚，而著綠裝的女人則是未婚者。

受到紅綠裝束的啟發，當時的英國工程師德‧哈特便設計了燈柱高七米，上頭掛著一盞紅綠兩色燈號的煤氣交通號誌燈，這是城市街道上的第一盞號誌燈。由一名手持長杆的員警在燈下牽動皮帶轉換提燈的顏色。後來又在號誌燈的中心裝上煤氣燈罩，由兩塊紅、綠玻璃交替遮擋。

不幸的是，這盞在問世二十三天之後，煤氣燈突然爆炸自滅，造成一位正在值勤的員警斷送性命。從此，城市的交通號誌燈被取消。直到一九一四年，美國的克利夫蘭市才率先恢復了紅綠燈，只是這時所使用的，已經改成電氣號誌燈了。

黃色號誌燈的發明則是到了一九二〇年，才由一位美國警官提出來，在紅、綠燈中間加上一個黃色號誌燈，

以提醒人們注意危險。

從最早的手牽皮帶到一九五〇年代的電氣控制燈號，從採用電腦控制到現代化的電子定時監控，交通號誌燈隨著時代的進步，逐漸發展成現在的模樣。

Trivia 24 打火機和火柴哪個先被發明？

你一定會認為是火柴先被發明出來，但事實上火柴的發明比打火機還晚。打火機發明於十六世紀，而火柴發明於十九世紀。

過去一般認為打火機的設計圖最早出現在一五〇五年德國紐倫堡地區一名貴族所擁有的筆記之中，也有人認為打火機可能是出自達文西之手，因為在他的筆記中也有類似的機械設計圖。

不過由於這份設計讀繪成的時間無法確定，可能在一五〇〇至一五一九年之間，所以兩者雖然類似，卻無法肯定地將之歸功於達文西，因為達文西的設計可能只是看到別人的發明後隨手記錄下來的。

　　至於火柴則是在一八二六年發明的，利用樹膠和水製成了膏狀的硫化銻和氯化鉀，並將其塗在火柴梗上，然後將火柴夾在砂紙上拉動產生火。所以打火機的發明早於火柴。

Trivia 25 火柴是用什麼做的？

　　構成火柴的主要原料是什麼呢？世界上的第一根火柴誕生於兩百多年前的義大利。

　　火柴頭的主要成分是三硫化二銻和氯酸鉀；火柴棒則是用木質鬆軟的白楊木或是松木做成的，前端用石蠟和松香充分浸透；而火柴盒側面塗的則是紅磷和玻璃粉。

　　當火柴在側邊上摩擦時，火柴頭就沾上了一些紅磷，紅磷一經摩擦受熱就會產生火星。此時火柴頭上的氯酸鉀因受熱而放出氧氣，很快便引燃了三硫化二銻，於是就蹦出火苗來了。

　　火柴頭燃燒的過程很短，但已經足夠引燃火柴棒，延長火苗出現的時間，以方便人類使用了。

鍵盤上的英文字母為什麼不按照順序排列？

　　電腦鍵盤的字母排列順序和打字機有很大淵源。

　　打字機的發明者眾說紛紜，最常見的說法認為第一台實用的打字機是一八一六年在美國由肖爾斯設計出來的。

　　一開始鍵盤的排列的確是按照字母順序。但有一個問題，按照ABC的順序排列，在打字員快速擊鍵的時候，常常引起鉛字鍵堵塞在一起。於是肖爾找人幫忙重新排列鍵盤，避免讓最常用的字母靠得太近，以便鉛字連動桿能夠朝相反的方向運動，這樣它們就不會碰撞在一起卡住堵塞。

　　新的排列順序便是今天所使用的這種排列順序。相較過去的排列方式，現在這種排列不但更加科學，也能夠提高速度和效率。打字員們很快就記住了這種奇怪的字母排列，打字機立時就獲得了成功。

　　然而長久使用下來，仍然發現這種鍵盤排列順序存在著很多缺點，雖然有人早就設計出更科學的鍵位排列，卻始終成不了氣候。人們早已習慣成自然，因此沿用至今。

Trivia 27 為什麼小鳥站在高壓電線上卻不會觸電？

　　高壓電線附近非常危險，人類不可以靠近以防觸電。不過，許多小鳥經常停在裸露的高壓電線上，似乎也不常發生觸電現象。這是怎麼回事呢？

　　因為高壓電線裡分了兩種，一種是和地連接的，通常叫地線；另一種是不和地連接的，通常叫火線。

　　電流從火線流出來，再從地線流回去，才會形成迴路，使電燈發亮。

　　人通常與地面有接觸，一旦接觸到了火線，電流經過人體和大地，形成了迴路，就會造成人體觸電。而小鳥的身體與人體相比非常小，通常只會接觸到火線不會接觸到地線，所以不會形成迴路，也就不會觸電。

　　但如果鳥兒站在高壓電桿的金屬鐵臂上，鳥喙碰到高壓電線中的火線，電流便會經由鳥兒的身體傳到鐵臂上再傳入地下，形成迴路，此時這隻鳥兒就沒那麼幸運了。

　　所以許多國家都會在高壓電設備上裝有絕緣架或是防護措施，避免鳥兒喪命，甚至造成電力中斷。

廚師為什麼要戴白色的高帽？

　　在飯店或餐廳裡，廚師常戴著一頂白色的高帽。關於廚師戴白高帽的由來，有一段十分有趣的故事。法國有位名廚叫安德范·克萊姆。他是十八世紀巴黎一家著名餐館的高級主廚，性格開朗，風趣幽默，又愛出風頭。

　　一天晚上，他看見餐廳裡有位顧客頭上戴了一頂白色高帽，款式新穎奇特，引起全館人的注目，便刻意仿效，立即訂做了一頂高白帽，而且比那位顧客的帽子還要高出許多。他戴著這頂白色高帽，十分得意，在廚房裡進進出出，果然引起所有顧客的注意。很多人感到新鮮好奇，紛紛趕來光顧這間餐館，竟成為轟動一時的新聞，餐館的生意因此越來越興隆。

　　後來，巴黎許多餐館的老闆都注意到這頂白色高帽的吸引力，也紛紛為自己的廚師訂做同樣的白高帽。久而久之，白色高帽便成了廚師的象徵和標誌。如今，世界各地的廚師都會戴這種白色的帽子。白色高帽成了廚師維護食品衛生的工作帽。

　　廚師的帽子高低不同，代表地位不同。總廚、大廚的帽子一般高約二十九點五公分，廚師帽約二十五公分，廚工帽約十點五公分。

Trivia 29 為什麼煤油燈需要借助燈芯才能燃燒？

應該說用煤油做燃料的煤油燈，必須借助燈芯才更容易燃燒起來，產生照明作用。如果燈芯燒光了，火就會滅，所以要經常挑一挑燈芯。

那麼為什麼煤油燈一定要借助燈芯才能燃燒呢？因為煤油揮發得很慢，必須借助燈芯增加煤油與空氣的接觸面積。

若直接在煤油上點火，由於外焰最熱的地方永遠都在火焰最上方，導致煤油表面溫度很難達到起火點。而用布做成的燈芯能夠吸收煤油，在點燃之後煤油可以充分與空氣接觸，能夠真正燃燒起來。所以，煤油燈必須借助燈芯比較容易燃燒。

汽車接近時的喇叭聲為什麼比離去時還響？

　　當汽車鳴著喇叭從身邊駛過，我們會發現汽車駛來時的喇叭聲高於駛去時的聲音。為什麼會這樣呢？

　　因為空氣的振動頻率決定了聲音的高低，振動頻率越快，聲音越高。雖然是同樣的聲音，但在接近和離去時會有所不同，就是因為發出響聲的物體正朝著一個方向運動，前進方向前方的振動頻率比後面的高，因此聽起來聲音較響，前進方向後方的聲音則相反，所以較低。這是在一八四二年由奧地利物理學家多普勒發表的現象，所以又叫做多普勒效應。

　　一月圓之夜，全世界的鬼魂都聚集在一起開狂歡大會，偏偏只有狼人沒有到，為什麼？

　　因為狼人是妖怪不是鬼。

Trivia 31　飛機的黑盒子是黑色的嗎？

我們經常談到飛機的黑盒子，是因為顏色是黑色所以才叫黑盒子嗎？

實際上黑盒子並不是黑色而是橙紅色的。飛機萬一失事，著火的機率很高，而且機上設備必須能夠承受巨大的撞擊。因此想要完整地保留記錄下來的資訊，黑盒子除了必須能夠承受巨大撞擊力且耐高溫外，還得耐震、耐海水（或煤油）浸泡。所以現在的黑盒子，大部分都是用鈦合金製作而成。

黑盒子有兩種：一種是飛行資料記錄儀，另一種是艙聲錄音器，能自動將機組人員的通話和駕駛艙內的聲音記錄在磁帶上。現在的飛機都配備了這兩種黑盒子。如果飛機失事無人生還，只要找到黑盒子就能解開飛機失事之謎。

一般來說，這兩個記錄器多半被安裝在相對更容易在空難中保存下來的飛機尾部，並且兩者都帶有水底信號標識器，在落入海洋一定深度之後就會自動開啟，並發出特定頻率的信號，搜尋者只要使用專門接收器就能確定其方位。而黑盒子之所以塗成橙紅色，也是為了增加尋找時的方便性。

Trivia 32 汽車尾部的「熊出沒注意」是什麼意思？

　　「熊出沒注意」是國外一個卡車俱樂部的標誌，俱樂部的會員都是兩噸以上、二十噸以下車輛的司機。「熊出沒」的意思是「我們的車很大，要注意我們，如果一不小心沒看見，我們就會像熊一樣撲過來，如泰山壓頂，會很危險」。

　　還有一種說法是日本的北海道經常有熊出沒，為了提醒旅客，許多地方都設立了告示牌，上面畫著熊的腦袋，並寫有「熊出沒注意」的字樣，以告誡人們在此經過一定要注意安全，後來就被人們拿來當作流行語傳播開來了。

　　而將「熊出沒注意」的字樣貼在車上，無非就是告訴別人車主比較厲害，小心點，離車遠點。

Trivia 33 為什麼光碟的內側有五顏六色的光彩？

　　如果從側面看光碟，就會看到一些美麗的彩色花紋，隨著觀察角度的不同，彩色花紋的位置也隨之有規律地移動，但總保持著對稱的圖案。為什麼光碟內側會產生如此美麗的花紋呢？

　　這和光碟的自身構造有關係。光碟是一種用鐳射光束來燒錄和讀取資訊的圓形碟片，由基板、記錄層和保護層構成。基板一般選用具有較好光學性能和機械性能的材料；記錄層是附著在基板上的薄膜；保護層是為保護所記錄的資訊符號不被劃傷或污染而直接覆蓋在記錄層表面的透明聚合物。

　　我們知道，光在傳播過程中，如果遇到與其波長尺寸相差不大的障礙物（或小孔、窄縫等）時，會明顯偏離直線傳播的方向而發生衍射。光碟記錄層上的資訊軌道尺寸大小與可見光的波長（約在零點七七至零點四微米範圍）可相比擬。被記錄層反射出的光在貼近記錄層傳播的過程中不斷遇到軌道密紋，很容易產生衍射現象，並且衍射範圍從光碟中心向外不斷擴延。

　　再者，凹凸不平的軌道密紋也使得保護層各處出現

厚度不均勻的透明薄膜，使得可見光在保護膜的上下表面分別反射光線時，因為薄膜的干擾而出現彩色條紋。

簡單來說，光碟上的彩色花紋，是因為光線的反射、衍射以及薄膜厚度不均等因素所造成。

Trivia 34 探照燈會把皮膚曬黑嗎？

夜釣族喜歡以強光照向海面，吸引具向光性的魚類上鉤。最近一些夜釣族發現，怎麼在暗夜裡釣魚皮膚也變黑了，經測試原來是因為探照燈的關係。他們在皮膚貼上幾個字，經過一夜，撕下的部位明顯較其他部位白。

所以現在日本的夜釣族也開始懂得做防曬準備了，穿上長袖衣褲、戴上帽子，甚至在臉部塗上防曬霜，避免曬黑。

讓皮膚變黑的主因是紫外線中的長波（UVA）及中波（UVB），可刺激人體天然防曬物質——黑色素增加、表皮變厚。這是人體對抗刺激的自我防衛動作。既然夜釣的光源和紫外線相近，當然一樣會刺激皮膚變黑，甚至曬傷。

是誰發明了@？

　　@符號在英文中的意思是「在」或「單價」，因其發音類似英文at，於是常被用來作為「在」的替代詞。另外，它還有each的含義，所以@也常常用來表示商品的單價符號。

　　美國的電腦工程師雷・湯林森是最開始使用@表示電子郵件地址的人，他賦予符號@新的含義。為了方便使用者在網路上收發電子郵件，一九七一年他將@運用在電子郵件地址的格式中，將人名與電腦位址分開，避免網路傳輸誤讀。

　　於是，「@」就這樣進入了電腦網路。湯林森所設計的電子郵件的表現格式為「人名代碼＋電腦主機或公司代碼＋電腦主機所屬機構的性質代碼＋兩個字母表示的國際代碼」，這就是現在我們所用電子郵件地址的格式，其中@符號把用戶名和電腦位址分開，使電子郵件能通過網路準確無誤地傳送。

垃圾郵件會破壞環境嗎？

　　垃圾郵件是虛擬的，那麼它會造成環境污染嗎？事實上是會的。

　　垃圾郵件會製造二氧化碳，破壞大氣層。平均而言，每封垃圾郵件約會產生零點三克的二氧化碳，每年六十二兆的垃圾郵件，累積起來相當於三萬一千輛汽車燃燒二十億加侖汽油的排放總量，還會消耗三百三十億千瓦的電力，這些電能足以提供兩百四十個家庭全年的電力使用量。

　　小王開診所，生意一直不是很如意，一天他的診所突然車水馬龍排了一大堆人，為什麼？

　　因為他在診所門口貼了「今日就診三折」。

Trivia 37 為什麼冷水和熱水潑在地上，聲音會不同？

　　因為水煮開後，水分子的活動能力大為增加，分子間的吸引力大為削弱。這時，不僅液體表面的水分子很快蒸發，而且液體內部的水分子也爭先恐後地汽化飛出。

　　因此，在開水四周總是夾著一層富於彈性的水汽，所以倒在地上時聲音比較低沈。等到水溫逐漸降低後，水分子的活動能力減弱了，分子間的吸引力增大，液體內部的水分子不再汽化，包圍在水周圍的水汽層逐漸消失。這時，水倒在地面就等於直接與地面接觸，因而發出的聲音比較清脆。

為什麼石頭打水飄的時候會在水面彈起來？

為什麼打水飄時石頭可以在水面上彈起來呢？是因為流速越大液壓越小的關係。

在打水飄的時候大多用比較扁的物體，使受力面積加大；並且投擲時盡可能以平行於水面的角度快速扔出去，這樣就可以使物體運行速度加快。

當物體掠過水面的時候，可以帶動表面的水在非常短的時間裡快速流動，使水的表面壓力減小，而下方的水流速相對較慢，產生的壓力較大。利用這樣的壓差，將物體彈出水面，所以用來打水飄的石頭，總會在水面上彈起來。

如果扔出去的物體是以旋轉的方式，效果還會更明顯，原因是與物體接觸到的水面流速更快，壓力更小，導致水面與水底壓差更大的關係。

Trivia 39 為什麼子彈的直徑比槍的口徑大？

　　槍膛內有四條右旋的螺旋線，叫做膛線。其中凸起的膛線叫陽膛線，凹下的叫陰膛線。

　　如果子彈的直徑與槍的口徑相同，當子彈被裝進彈膛後，在彈壁與槍膛的陰膛線之間就會形成空隙，這樣子彈發射的時候，就會有部分火藥氣體從空隙中溜掉，造成子彈尾部的壓力減小，彈速減慢，子彈便飛得不遠。

　　若把彈頭的直徑做得比槍的口徑大一點，火藥氣體才能充分地作用於彈頭尾部，保證彈頭在空中高速旋轉向前飛行。

　　小龍的爸爸看到小龍書包裡塞滿了鈔票，卻視若無睹，為什麼？

　　因為那是兒童玩具鈔票。

Trivia
40
煙火的顏色不同，是因為
顏料的關係嗎？

　　煙火之中含有金屬化合物，其中的金屬離子燃燒起
來會產生焰色反應，也就是含有各種顏色的光，不同的
金屬會產生不同的顏色。

　　煙火就是利用各種金屬離子在高熱中燃燒，而產生
出各種不同顏色的光芒。

動動腦

　　飛機只要始終朝著一個方向飛就能飛到原地嗎？

Ans

　　不一定，飛機朝正南或正北分就不能回到原地，過
了北極或南極方向就會改變。

地表上最強的冷知識

41 斑馬線最早是在什麼時候出現的？

　　斑馬線又叫人行穿越道，源於古羅馬時代的跳石。在古羅馬時期，龐貝城的一些街道上，車馬與行人交錯而行，經常造成市內交通堵塞，甚至不斷發生事故。

　　為此，人們便將人行道與馬車道分開，並將人行道加高，還在靠近馬路口的地方砌起一塊塊凸出路面的石頭，稱為跳石，作為指示行人過馬路的標誌。行人可以踩著這些跳石，慢慢穿過馬路。而馬車運行時，跳石的間距剛好可以讓馬車的兩個輪子通過。

　　後來，許多城市都引進了這種方法。到了十九世紀末期，隨著汽車的發明，城市內更是車流滾滾，加上人們在街道上隨意穿行，過去的跳石已無法避免交通事故的發生。

　　於是到了一九五〇年代初期，英國人設計出了一種橫格狀的人行穿越線。規定行人橫過街道時，只能走人行穿越道。自此倫敦街頭便出現一道道醒目的橫線，看上去這些橫線就像斑馬身上的白斑紋，因此人們稱之為斑馬線。

　　司機駕駛看到斑馬線時，會自動減速慢行或停下，

讓行人安全通過。源自古羅馬的人行穿越道，直到今天
仍然發揮著重要的作用。

為什麼從竹簾外向內看，什麼都看不見？

　　光線射到哪裡，哪裡就有反射，反射的光線射入肉
眼裡，我們就看到了東西。

　　若在房間的窗子或者門上掛起一面竹簾，從竹簾內
向外看時，由於外面的光線很亮，各種物體反射出來的
光線也很強，雖然是透過竹簾的縫隙射入眼裡，但還是
可以看得很清楚。

　　反之從竹簾外向內看，情況就不同了。

　　竹簾內光線較外面暗，所以竹簾內的東西所反射的
光線也較弱，而物品通過竹簾縫隙射到外面的光線又更
弱了，這時眼睛便只能看到竹簾，而看不到竹簾背後的
東西。

Trivia 43 為什麼濕紙張乾了之後會變皺？

濕紙乾後發皺變形，與紙中的纖維有關。

纖維的脫水反應，是從纖維兩端先開始的，就像菜葉總是從邊緣開始先乾枯一樣。

紙張雖然是短纖維的集合體，但每條短纖維的長度都是不一樣的，所以脫水的速度也不一樣。因此在自然條件下，風乾的紙張會因纖維長度不同而出現皺褶。

但如果不小心把紙弄濕之後，立刻放到冰箱的冷凍庫裡直到紙張變乾，就不會變形。因為在冷凍狀態下的脫水過程，是個比較均勻的過程，且此時纖維的伸縮比例也相同，所以濕紙張放在冰箱裡放到乾，就不會變皺。

電腦硬碟的名稱為什麼習慣稱為 C 磁碟機，而不從 A 或 B 磁碟機開始排列？

在個人電腦剛誕生的年代還沒有所謂的硬碟，當時資料儲存主要都靠軟碟。

軟碟機按照順序佔據了A槽和B槽的位置，A槽是3.5英吋軟碟，B槽是5.2英吋的軟碟。直到硬碟開始普及，命名就只能按順序從C槽開始往後排了。

小明的一篇文章在全班同學面前朗讀，老師也說他寫得很用心，可他卻不敢拿給爸爸看，為什麼？

他寫的是檢討書。

Trivia 45 為什麼自行車騎起來不會倒？

　　自行車只有兩個輪子，為什麼可以保持平衡呢？有些高手在騎車的時候，甚至可以雙手離開把手，任由車子向前走也不用擔心摔倒。這是為什麼呢？

　　原因在於，旋轉的物體有保持其旋轉方向（旋轉軸的方向）的慣性。

　　另外，高速騎車時，感覺比剛剛起步的時候穩定，這又是為什麼呢？

　　我們可以觀察到，幾乎每輛自行車的車軸，都不是與地面完全垂直的，而是後傾的。前輪是固定在車把的前叉上的，這叫前叉後傾。前叉後傾，使車輛轉彎時產生的離心力以及其所形成的力矩方向，與車輪偏轉方向相反，迫使車輪偏轉後自動恢復到原來的中間位置上。這樣，車子就有了自動回正的穩定性。車速越快，所造成的恢復力矩越大，車主就越感到穩定。這就是高速騎車時，會感覺車子比剛剛起步時穩定的原因。

Trivia
46 水槽放水時，形成漩渦為
什麼總是朝同一個方向轉？

　　當水槽放水時，都會看到水面形成漩渦。我們會發現，注水時漩渦呈順時針旋轉，而放水時則呈逆時針旋轉。這是由於地轉偏向力的作用。

　　地轉偏向力是由於地球自轉而產生的力，會對運動物體產生影響。向桶中注水時，水從注水點向四周流動，北半球在地轉偏向力的作用下右偏，漩渦呈順時針方向旋轉。南半球則呈逆時針方向旋轉。

　　放水時表面的水都流向下層出水孔，北半球在地轉偏向力的作用下右偏，漩渦呈逆時針方向旋轉。南半球則呈順時針方向旋轉。

　　不過江河大海中的漩渦，因為受到河床特徵的影響，不一定按照這一規律。

Trivia 47 沒有頭的雞仍能活很久嗎？

這是真實新聞事件。而且被砍去腦袋的雞並不是只活幾分鐘，有時能活很久。

這是為什麼呢？因為雞被砍頭後，其腦幹仍然保持著完好的功能，這部分腦幹仍能控制雞的絕大部分反射動作。據美國的一則報導說，曾經有一隻雞被砍頭後存活了十八個月才死亡。

期末考試，小胖一題都不會做，但他突然眼睛一亮，開始奮筆疾書，為什麼？

Ans

他在寫班級、學號、姓名。

閃電絕不會擊中同一個地方兩次嗎？

　　事實並不是這樣的。閃電對某些地方總是「情有獨鍾」，特別是那些地勢較高的地方。

　　比如：美國紐約的帝國大廈每年要被閃電擊中大約二十五次。富蘭克林很早就發現了這個道理，因此他才發明了避雷針。

　　他在自己家的屋頂上安裝了一根金屬棒，然後用電線將金屬棒與地面連接起來。

　　這就證明，閃電絕對有可能會多次擊中同一個地方的。

　　小明的眼睛近視度很深，戴了眼鏡卻仍然模糊，為什麼？

　　因為他戴了沒有鏡片的裝飾眼鏡。

Trivia 49 高速公路為什麼有些路段不設路燈？

　　世界上許多國家的高速公路甚至不用路燈照明，而是將一些特殊的反光材料，比如：反光塗料或反光膜等，塗在交通標誌上。這是為什麼呢？原因是，這些反光材料的折射率很大，當汽車前燈發出的強烈燈光照射在塗有反光材料的交通標誌牌上時，光線會平行地反射回司機眼中，被照射的交通標誌便清晰可見。

　　一般來說，反光標誌對車燈的折射距離可達一千公尺，這樣的距離足夠司機做出判斷，因此高速公路上不用路燈而用反光標誌。這樣既節約能源，又能讓司機清晰地辨認道路交通標誌、標線等，有助於提高行車的安全性。

50 踩雪時為什麼會發出咯吱咯吱的響聲？

　　蓬鬆的雪裡面大部分成分是空氣，以及一些小冰晶和水的混合體，因為雪裡的小冰晶比較細小，所以摩擦震動所發出來的聲音，就會比冰塊摩擦發出的聲音更加短促和輕微；並且冰晶的長短大小不一樣，所以發聲頻率也不盡相同。

　　故一腳踩下去，冰晶之間摩擦的聲音，與空氣從縫隙被擠出去的聲音混合在一起，就形成了我們聽到的「咯吱咯吱」的聲音了。

　　探險家小李愛獨自一人到野外露營，夜間離開帳篷時總要用兩個手電筒，是為什麼？

　　一個拿在手裡，另一個留在帳篷那裡做標記。

Trivia 51 用冰能取火嗎?

　　大家都知道水火不容,那用冰能取火嗎?答案是可以的。

　　用冰取火,是利用凸透鏡對光的聚焦作用。取一塊大小適度的冰,先將冰磨成凸透鏡,然後利用太陽光找到冰凸透鏡的焦點,便可利用此冰凸透鏡引燃火種。這就是用冰取火的奧妙!

　　凸透鏡是一種光學元件,對光有聚焦作用。一束平行光通過凸透鏡,會聚成一個焦點,並使熱量也集中到焦點上。

　　如果在焦點處放些易燃物,就會燃燒起來。

Trivia 52 高速公路的直線路段為什麼總是不太長？

在高速公路上設置彎道，除了因為地形因素外，主要是為了保證司機安全駕駛。

長時間在筆直的公路上行駛，司機們容易因感到單調乏味而注意力分散甚至疲勞，進而引發交通事故。

所以，工程人員設計高速公路時，會在一定長度的直線路段後設置一段彎道。這種有變化的道路能有效刺激司機，提高他們的注意力。

Trivia 53 鐵軌下方為什麼要鋪石頭？

　　鐵軌底下總是鋪著碎石頭，這是因為鐵軌和枕木必須長期承受火車的重量，這些碎石頭就承擔著防止鐵軌下陷的緩衝任務。

　　另外，火車高速通過鐵軌時，會產生噪音和高熱，而碎石頭因為形狀非常不規則，且容易碎裂，可以藉著石頭的碎裂吸收掉火車通過時所產生的高熱；如果使用的是圓潤光滑的石頭，因為不容易碎裂，吸熱的效果就差。另外，碎石頭還具有吸收噪音的功用。

動動腦

　　小李早上到醫院打了六針，為什麼只有打第一針的時候才覺得痛？

Ans

　　因為第一針打的是麻醉針。

Trivia 54

手機電池第一次使用前必須放電嗎？

　　無論任何電器都離不開電池。關於智慧型手機鋰電池的保養工作，很多人都覺得應該把手機用到自動關機之後再充電，並且前三次的充電時間應該長達12小時才算是正確啟動鋰電池的方法。事實上，這些觀念都是錯誤的。

　　鋰電池跟別的電池不一樣，沒有所謂的生命週期高峰期，它每充電一次就少一次壽命，一般情況下能夠充放電大約300～500次。使用鋰電池時，最好不要完全放電，反而應該經常充電，反覆隨意地充電並不會損害電池。

　　另外，很多人習慣購買備用的鋰電池進行替換，這也是錯誤的。這類的電池並不會因為使用頻率較少就可以延長使用壽命。因為導致鋰電池耗損的主要原因是氧化所引起的電池內部電阻增加，這就是為什麼有的時候明明剛充滿了電，使用沒多久就又顯示沒電的原因。

裸睡和穿衣睡哪個比較溫暖？

　　有的人習慣裸睡，而有的人則認為裸睡不文明。那麼裸睡究竟是否可取呢？裸睡和穿衣睡哪一種方式身體比較溫暖呢？

　　實際上，著衣而眠是習慣，脫衣而睡是享受。若從科學上來說，裸睡則會更暖和。裸睡時一方面去除了衣物對身體的束縛，給人無拘無束的舒適感；另一方面也增加了皮膚與空氣的接觸，有利於血液循環和皮脂腺、汗腺的分泌。

　　因此就科學上來說，裸睡的確有助於放鬆心情、消除疲勞。皮膚呼吸通暢了，新陳代謝的速度便會加快，肌肉更容易放鬆，這樣身體就會更加暖和了。

Trivia
56
如何讓蠟燭不「流淚」？

　　蠟燭燃燒的時候總是會流下許多蠟油，使得蠟燭的使用壽命縮短。而且蠟油流到桌子上清理起來也很麻煩，該怎麼做呢？

　　在使用蠟燭之前，先放到冰箱的冷凍庫裡冷凍24小時，這時再點燃，就不會有蠟油溢出了。這是因為冷凍的過程可以讓固態蠟變得更穩，蠟油分子更加緊密，因此可以燃燒得更完全。

　　將用剩的肥皂塊泡在溫水裡，做成肥皂水，均勻地塗抹在鏡片上，然後用眼鏡布輕輕擦乾淨，這樣眼鏡就不會經常起霧了。

　　其應用原理是這樣的，因為肥皂含有油脂成分，將肥皂水塗抹在鏡片上，鏡片就不容易沾染水汽。這種方法也可以用在浴室和汽車的防霧工作。

　　佳佳早上起來發現屋子裡躺著很多屍體，卻一點也不害怕，這是為什麼？

 Ans

　　因為昨晚睡覺前噴了殺蟲劑，地上都是蟑螂的屍體。

58 夏天被蚊子咬之後，止癢的最佳方法是什麼？

夏天被蚊子咬了怎麼辦？奇癢難忍時除了抓以外還有什麼辦法？

有一個最簡單的方法，就是用肥皂水清洗被蚊子叮到的地方。因為蚊子叮咬時口器會往肌肉裡注入酸性物質，而肥皂水是鹼性的，酸鹼中和之後，就不會覺得癢了。

老師問小明：「如果明天就是世界末日，今天你會去哪裡？」小明說：「我就待在教室裡。」為什麼？

因為在教室裡有度日如年的感覺。

螢幕保護程式到底有什麼作用？

螢幕保護程式顧名思義就是為了保護螢幕，但它真的有保護的作用嗎？

在個人電腦的時代，很多人都喜歡使用螢幕保護程式，直到筆記型電腦開始流行之後，這個習慣依舊保留了下來。但實際上螢幕保護程式對筆記型電腦非但沒有任何好處，反而還會造成一些負面影響。

原來螢幕保護程式僅對傳統的CRT顯示器具有保護作用，由於筆記型電腦所使用的LCD顯示器和CRT顯示器的工作原理不同。LCD顯示器中的液晶分子每開關一次壽命就減低一次，使用螢幕保護程式反而使液晶分子快速老化，導致出現壞點等問題。同理，對筆電電池的耗損率也會增高。保護LCD顯示器最好的辦法，就是直接將螢幕關掉。

牛皮紙是用牛皮製做出來的紙嗎？

最早以前，牛皮紙確實是用小牛皮製成的。這種牛皮紙現在大概只有在製作鼓面時才會用到了。如今我們常見的牛皮紙袋，是人們用針葉樹的木材纖維，經過化學方法製漿，再放入打漿機中進行打漿，加入膠料、染料等，最後用造紙機製造而成的紙張。因為這種紙的顏色多半是黃褐色，紙質堅韌很像牛皮，所以人們習慣稱之為牛皮紙。

其實，牛皮紙與普通紙的製作方法並沒有多大的不同，但為什麼牛皮紙比普通紙張牢固呢？這是因為製作牛皮紙所用的木材纖維比較長，而且在蒸煮木材時是用氫氧化鈉和硫化鈉等化學藥品來處理的關係，這類藥品化學作用比較緩和，木材纖維原有的強度受到的損傷比較小，因此用這種紙漿做出來的紙，其纖維與纖維之間是緊緊相依的，所以牛皮紙較為牢固。

Trivia
61
如何解讀商品包裝上的條碼?

　　條碼是指一組規則排列的條狀記號及其對應字元所組成的標籤,用以表示一定的商品資訊的符號。用條碼辨識設備掃描條狀記號之後,便會產生一組對應的字元,作為輸入電腦資料庫之用。設備所識讀出來的資料和條碼下方對應的字元,表示的是相同的資訊。

　　條碼這種技術,是隨著資訊技術的發展和應用而誕生的,它是集編碼、印刷、識別、資料獲取和處理於一身的技術。為了使商品能夠在全世界廣泛地流通,條碼的設計製作和使用,都必須遵循商品條碼管理的相關規定,透過申請註冊之後才能使用。目前,條碼掃描已經成為市場流通的主流。

包裝水為什麼也要標示最佳飲用期限？

超市裡賣的礦泉水，按照廣告所說可能來自某個歷經3000年的湧泉，但是為什麼瓶子上依然印有「最佳飲用期限」，日期大約是未來兩年。如果瓶中的水已經在湧泉的含水層中度過3000年，為什麼在一個密封的瓶子中卻可能會變質呢？

當泉水流過一系列岩層時，每種岩層都會對水產生不同的作用。礦物質因此溶解到水裡，改善了水的味道，也使水中含有人體所需的礦物質，這也是喝礦泉水有益健康的原因。天然泉水經過各式岩層的微小孔隙，就像是一組天然過濾系統，濾掉水中各種污染物，提高了水的純淨度。然而一旦泉水冒出地表，就很容易再次受到污染。

這就是礦泉水生產商必須推測「最佳飲用期限」的原因了，在這段期間內引用，可以保證消費者不會喝到變質污染的包裝水。

63 商標上的TM是什麼意思？

　　TM標誌與®不同，它並不代表對商標的保護，而是表示該商標已向國家商標局提出申請，並且國家商標局也已經發出《受理通知書》，進入了異議期，這樣就可以防止其他人提出重複申請，也表示現有商標持有人具有優先使用權。

　　®是「註冊商標」的標記，意思就是該商標已在國家商標局經審查通過，成為註冊商標。圓圈裡的R就是英文「register」註冊的開頭字母。而TM是英文「trade mark」商標符號的縮寫，標註了TM的文字、圖形或符號雖是商標，但不一定已經註冊（未經註冊的商標不受法律保護）。

　　台灣的商標都需要經過註冊才能受到保護，並不屬於上述這種採取註冊標記制度之國家，所以不需要TM或是®這類標記來區別商品保護型態。但不懂這方面知識的人，若是隨便亂標記TM或是®，就可能被認定為虛偽或不實標示，因違反公平交易法而遭到處罰。

Trivia
64
電器不使用時，插頭沒有拔掉也會耗電嗎？

　　有人認為電器不使用的時候，插頭沒有拔掉就會繼續耗電，這是不對的。那麼沒有拔掉插頭會不會對電器有影響？回答則是肯定的。

　　電是一種能源，根據原子結構理論，任何物質都存在正電荷和負電荷，數目通常是相等的，所以對外不會顯出電性。一旦利用其他方法使得正電荷和負電荷彼此分開或數目不等，就會顯示電性。如：化學電源、摩擦靜電、發電機發電等，都是電的產生原理。

　　電流是一種能量，是電荷定向移動而產生的。電必須要形成電流，才能實現能量的轉換。而電流必須通過電器的轉化，才能成為我們所需要的各種能量。電器消耗電能，就是電流作用的過程。除非是電器上面有類似液晶顯示之類的面板，在待機時才有可能繼續耗電。否則在關閉不使用的情況下，電源既然是切斷的，就沒有形成電流，也沒有實現能量的轉換，因此不會耗電。

　　雖然不會耗電，但對電器還是有可能產生影響。一般家用電器開關的金屬片距離都很近，如果是打雷的天氣，雷電非常強大，很可能使開關上距離很近的金屬片

發生尖端放電，使得電路瞬間導通，形成強大電流。這樣的電流往往超過了額定電流，所以很容易造成電器損壞。為了避免經濟損失，防止電器發生意外，電器不使用時最好拔下插頭。

一隻小狗在沙漠中旅行，找到了電線桿，結果還是憋死了，為什麼？

電線桿上貼著「此處不許小便」。

Trivia 65 電磁爐對人體真的有害嗎？

　　手機、電腦都有輻射，那電磁爐呢？根據專家表示，電磁爐的輻射頻率只有手機的1/60。

　　另外，電磁爐所產生的「磁」絕大部分分佈在鍋底，形成閉合磁場。當鍋具放在電磁爐上時，電磁爐所產生的閉合磁場在電磁爐邊緣的最高強度為160毫高斯，而使用手機時所產生的信號磁場則接近1600毫高斯，等於電磁爐邊緣磁場的10倍。因此，電磁爐所產生的磁場對人體的影響遠不如手機。

　　當鍋具垂直離開電磁爐面板3～5公分時，便會超出閉合磁場範圍不會再生熱，電磁爐也會自動停止工作；閉合磁場範圍之外的水準磁場非常微弱，大約只占整個磁場能量的百分之零點零幾，甚至接近於地球的磁場；並且當鍋具的最小直徑小於8公分時，電磁爐也無法工作。所以，與其擔心電磁爐對人體產生影響，還不如先擔心手機。

66 沖馬桶時要不要蓋上蓋子？

　　很多人沖馬桶時不蓋蓋子，這是很不好的習慣。馬桶上的細菌很多，稍不留意就可能成為疾病之源。

　　沖水時如果馬桶蓋是打開的，馬桶內的瞬間氣旋最高可以將病菌或微生物帶到6公尺高的空中，並懸浮在空氣中長達幾小時，進而落在牆壁和牙刷、漱口杯、毛巾上，很容易使這些物品遭受細菌的污染。因此，沖馬桶時應養成蓋上蓋子的習慣。

　　一隻小狗在沙漠中旅行，找到了電線桿，上面沒貼任何東西，結果還是憋死了，為什麼？

　　很多小狗在排隊，沒等到。

戴眼鏡能接聽手機嗎？

手機已成為當今普遍使用的通訊工具，但在接打電話前，最好先取下眼鏡，特別是指金屬鏡框的眼鏡。為什麼呢？

手機在接通的瞬間電磁波最高，根據研究，相較於配戴塑膠鏡框，金屬眼鏡框的確會使電磁波增強。而在打電話時產生的電磁波會順著鏡架導入眼睛，造成眼球溫度升高。雖然在目前的研究中，微量的電磁波不致損傷眼睛影響視力，或是干擾腦部的正常運轉。

但在目前電磁波研究結果尚未確定的階段，使用者應儘量使用免持聽筒，相對較為安全。

Trivia 68 為何操場設計的跑步方向都是逆時針方向？

　　仔細觀察，你會發現跑道的設計都是讓人按照逆時針方向跑的，這是為什麼呢？原來這與人的大腦功能有關。

　　人的大腦分左、右兩個半球，各自支配不同的功能。左腦支配右半身的活動，右腦則支配左半身的活動。在日常生活中，大多數人都慣用右手做事、寫字、工作，另外左腦還負責了高階思維和活動，因此左腦的負擔比較繁重。人體為了維護全身的平衡，必須加強右腦所支配的左腿功能，所以多數人的左腿都比右腿有力。賽跑時，多數運動員都是用左腿在後面起跑的。

　　在跑彎道時，也由於左腿比較有力，按逆時針方向跑，左腿更能克服身體的離心力，避免向內側傾倒。右腿力量比左腿弱，如果按順時針方向跑，就會感到身體不穩，容易摔倒。不只是跑步，在滑冰、騎自行車時，也都有同樣的感覺。

Trivia 69 **什麼顏色的車最安全？**

　　大家都知道，行車安全的關鍵除了駕駛的操控之外，也跟汽車本身的性能很有關係，殊不知行車安全與車身的顏色也有關係。有些顏色在汽車遭遇緊急危險時可能會加劇肇事的副作用，而有一些顏色卻減弱或者遏制了車禍的發生。

　　據統計，深色車比淺色車容易發生車禍。因為容易與道路環境相混合的黑、金、綠、藍等顏色的汽車，發生交通事故的機率遠高於明亮的嫩黃色、米色、奶色和白色汽車。這是為什麼呢？

　　顏色的性質，大約可分為前進色和後退色。例如：紅色、黃色、藍色、黑色共4部轎車與你保持相同的距離，紅色和黃色是前進色，因此你會覺得紅色車和黃色車離自己比較近；而藍色和黑色是後退色，所以感覺上藍色和黑色的轎車看起來比較遠。因為前進色的視覺效果比後退色好，看起來較近，所以車主相對會及早察覺到危險情況。

　　顏色還分為膨脹色和收縮色，將相同車身塗上不同的顏色，會產生體積不同的錯覺。如：黃色看起來感覺大一些，是膨脹色；而同樣體積的黑色、藍色感覺起來

小一些，是收縮色。收縮色看起來比實際要小，尤其在傍晚和下雨天視線不良時，對方來車和行人常常會因為沒有注意到而發生事故。而黃色等膨脹色，看起來比實際要大，不論遠近都很容易引起注意，可以有效避免事故發生。

那麼究竟開什麼顏色的車上路最安全呢？答案是銀白色車最安全。銀白色對光線的反射率較高，易於識別。一般人們認為紅色是放大色，在環境中較為顯眼，有利於交通安全。但當駕駛員長時間開車，紅色反倒容易引起視覺疲勞，從這一點上講又十分不利於行車安全。專家認為，一般來說淺淡鮮亮顏色的車，相對會比深色車要安全一些。

一家房地產公司為了吸引顧客，打出「買房子，送傢俱」的廣告，有人買了一套房子卻沒有得到傢俱，為什麼？

廣告的原意是顧客買了房子，公司可以幫忙搬家。

既然蒸汽有100℃，那為什麼洗蒸氣浴不會燙傷？

把人扔到100℃高溫的開水裡，肯定會被燙死。那麼，水倒入蒸氣浴中的石頭，既然會蒸發成蒸汽，一定也達到了100℃，會燙傷人嗎？答案是「不會」。

同樣都是100℃高溫，為什麼差別這麼大呢？主要原因是濕度不同的關係。在開水的濕度裡，熱傳導率很高，所以人被會燙傷。但蒸氣浴的濕度卻只有10%，熱傳導率比較低，加上人在蒸氣室裡也會流汗，汗水汽化散熱也能同時調節體溫，所以皮膚不會怕蒸氣浴。

老張躺在床上睡午覺，醒來後卻發現屁股上有一排牙印，這是怎麼回事？

睡覺時屁股壓在他的假牙上了。

Trivia 71 為什麼下雨天睡得特別香？

下雨天躺在床上，聽著窗外滴滴答答的雨聲，不一會兒就會覺得睡意漸濃，很快進入夢鄉。坐火車旅行，剛上車時還有興致欣賞窗外的景色，但聽著火車駛在鐵軌上單調而有節奏的聲響，就會漸漸感到睏倦。乘火車容易覺得睏，下雨天睡覺比較香，這是為什麼呢？

因為大腦皮層在受到單一且有節奏的長期刺激後，會造成深度的抑制，身體各部位的興奮度隨之降低，這種深度抑制漸漸由大腦皮層擴散到皮質下部位，引起睏倦，並逐漸使人進入睡眠狀態。所以在治療失眠時，也有類似這樣的單一聲音刺激法理論。

72 在火車上睡覺頭朝哪個方向比較好睡？

　　根據科學分析，頭部最好朝向走道這一端。這是因為，火車車輪在鐵軌上行進時會發出有節奏的震動和金屬撞擊聲，如果頭朝窗戶，就恰好枕在車輪那一方，震盪和撞擊聲比走道那一側較大。

　　另外，由於離心力的緣故，火車經過彎道時，頭部很容易撞到車廂。

　　一個士兵向班長請假回家，班長說：「不行！」可是士兵還是走了，為什麼？

　　因為士兵以為班長說的是「步行」。

73 關閉電腦螢幕後，還會有輻射線嗎？

傳統CRT電腦螢幕的輻射就像彩色電視機一樣，在關掉的一瞬間和開機的一瞬間輻射最大，因此在關掉顯示器短時間內還會有一點輻射。

因為這類螢幕的作用原理來自電腦內部的高壓泡和電子槍打擊螢幕發出光束，在關掉螢幕後短期內還存有餘電，所以也存在輻射線。

至於現在廣泛使用的LCD螢幕輻射線則是小到幾乎可以忽略。所以在選購LCD螢幕時，反而應該從螢幕的對比度、亮度、清晰度，以及是否出現炫光和反光的狀況來考量，因為這些才是傷害眼睛與否的因素。

坐雲霄飛車的時候，哪個位置最刺激？

　　大部分人都說，坐雲霄飛車最刺激的當然是第一排，因為看前面看得最清楚，所以最恐怖。其實不然，最恐怖的位置當屬最後一排，其中玄機就在雲霄飛車急速往下衝的時候。

　　雲霄飛車爬上斜坡時，前排座位最先過頂點也會最先往下走，這時最後一排還在爬坡，整座雲霄飛車因為要拖著後面的車廂走，所以速度還不是最快的。等後排到達頂點後，整座雲霄飛車才開始加速。這時前排大概都已經下到一半了，再衝也衝不了多遠，真正從頂點開始接受到全程強烈衝擊的，其實是最後一排。

　　所以如果你喜歡刺激，記得要搶最後一排；如果想要刺激又有點害怕，那就乖乖坐到第一排吧。

Trivia 75 搭火車時車票為什麼要剪口作記號？在車上又為什麼要驗票？

在旅客進入車站月台時，驗票人員都要在火車票上用特製的剪子剪一個小口，或是將票插入驗票機，從另一端退出來的車票就會多一個小孔。而且上了車後，列車長也會不定時的到車廂中驗票，這是為什麼呢？

這是為了防止旅客買錯票、上錯車。另外因為搭乘不同等級的車次票價不同，也可以防止有心人逃票，造成營運損失。就旅客保障的角度來看，一旦通過驗票口的閘門進入候車處、月台或車廂等地方，萬一不幸發生意外，就可以依法獲得理賠。這就是驗票的意義。

Trivia
76 禮物標籤總是很難撕乾淨，該怎麼辦？

送人禮物當然不能讓對方看到價格，所以一定要撕掉標籤，可是很多價格標籤總是很難撕乾淨，這時可用吹風機吹熱再撕，就可以很輕鬆地撕下來，不留一點痕跡。

麥克和同學一起玩球，不小心把球從窗戶扔進了別人家的屋子，可等那家主人回來後進屋找球，卻怎麼也找不到，這個球到底去哪裡了呢？

麥克和同學玩的是雪球，室內溫度高，時間太長雪球就融化了。

從聲調語調中也能探知性格嗎？

　　心理學家研究發現，人與人之間的交流有50%以上是經過視覺，30%左右經過聽覺實現的，只有5%左右是靠著語言來進行。那麼在這當中，聲音語調等稱為「副語言」的符號，是如何透露出人們性格的呢？

　　語調低沉的人，無論男女，都非常迷人。因為它是人們性感、成熟的標誌。低沉的聲音給人以安全感，能讓人展現最佳狀態，並能像磁鐵一樣吸引別人。有著這種聲音的人比較可靠、聰明、他們的聲音讓人們感覺他們很有自信，並且意志堅定，他們會被認定是正直的人。

　　活潑、熱情、充滿生機的語調則能引發人們的興趣。這種語調給人精力充沛的感覺，擁有這種聲音的人性格開朗而直率，能輕鬆地傳達情意。熱情的語調在吸引異性的時候，具有較大的優勢，他們的聲音會讓人感覺到友好、能幹，是很容易帶來快樂的人。

什麼是「人際距離」？

人際距離是指個體之間在交往時通常保持的距離。這種距離受到個體之間關係和情感不同而異。人類學家霍爾認為「人際距離」可區分為四種：

親密距離（0～46公分）通常用於父母與子女之間、情人或戀人之間，在此距離上雙方均可感受到對方的氣味、呼吸、體溫等私密性刺激。

個人距離（0.46～1.2公尺）一般是用於朋友之間，此時人們說話溫柔，可以感受到大量的身體語言。

社會距離（1.2～3.6公尺）用於具有公開關係而不是私人關係的個體之間，如：上下屬關係、顧客與售貨員之間、醫生與病人之間等。

公眾距離（3.6～7.5公尺）用於進行正式交往的個體之間或陌生人之間，有一定的社會標準或習俗。這時的溝通往往是單向的。

你能看懂情緒嗎？

　　在進入老闆的辦公室時，如果發現老闆愁眉不展，這時最好退出去。因為老闆在情緒不佳時，不適合做任何決定。尤其是重大決定，更應暫時迴避，等老闆情緒穩定時再決定。

　　在向老闆談論專案時，如果老闆一會兒看看手錶，甚至站起來開始走動，說明他暫時不想和下屬溝通，或者這個專案沒有再繼續溝通的必要，悟性高的下屬應當在老闆的臉色沒有變得更難看之前結束談話。否則，老闆下一步要做的就是向你展示憤怒。

　　老闆在聽取你的談話時，如果不停地說：「啊？是嗎？是這樣嗎？我以前怎麼都不知道？」這往往是在裝傻。總之，裝傻往往是人們用來緩和氣氛的技巧，這時職員應當檢視自己說話的分寸，切莫讓自己和老闆都下不了台。

兩手指尖形成尖塔的手勢代表什麼心理意義？

　　尖塔手勢是將兩手的指尖相接形成一個尖塔形狀，並以肘關節為支點使手臂直立在桌子上。這種手勢多出現在一些充滿自信，位階較高的人身上，顯示出他們的自信心。

　　這種姿勢還出現於上級聽取下屬匯報、指導下屬，或者提供建議給下屬的時候，以表明上級對下屬所提到的內容「全知」以及「盡在掌握」的心理。

　　不過，部分情況下，這種聳立的尖塔手勢也跟宗教有所聯繫，代表了人們對事情的期盼與不確定。

　　尖塔手勢被放低的時候，就具有了不同的含義。此時，使用手勢的人大多正在聆聽他人的觀點。據調查，由於女性是在大多時間裡扮演聆聽者的角色較多，因此較經常使用這種放低的尖塔手勢。

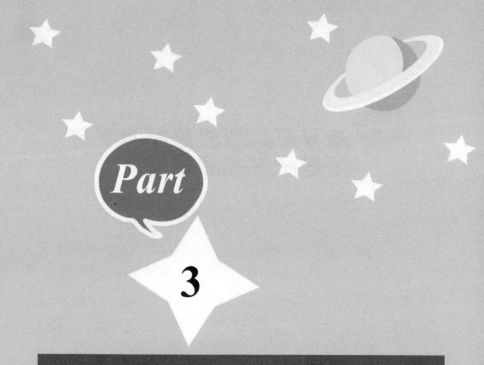

Part

3

在百貨公司乘手扶梯快還是乘電梯快？
——生活經濟一點就通

為什麼節儉悖論認為
「奢華才是美德」？

　　凱恩斯提出了「節儉悖論」，他認為消費的變動會引起國民收入同方向變動，儲蓄的變動會引起國民收入反方向變動。

　　節儉悖論指出，在艱難時勢下，對個人來說合理的行為（也就是指節儉），對整個經濟來說可能是災難性的。如果大家都在存錢，那麼很多省吃儉用者最終將會失業。凱恩斯對此給出了很具說服力的經濟學解釋。

　　從微觀上分析，假如某個家庭勤儉持家，減少浪費，增加儲蓄，往往可以致富；但從宏觀上分析，節儉減少了支出，迫使工廠削減產量，解雇工人，因而減少了平均收入，最終就是減少了儲蓄。

　　儲蓄雖可幫助個人致富，然而如果整個國家的人民過度儲蓄，將使社會陷入蕭條和貧困。

Trivia 02 跳蚤市場為什麼物超所值?

　　從經濟學上看,二手市場的形成,就是經濟學上所謂「邊際效用遞減規律」的作用。

　　「邊際效用遞減規律」是微觀經濟學的基本原理之一,這裡的「效用」是指消費者的心理感受,「邊際」是增加的、額外的意思。

　　消費某種物品是一種刺激,使人產生滿足感。在消費某種物品時,首次或最初接受這一刺激,人的滿足程度較高;但反覆接受同一種刺激時,人在心理上的興奮程度或滿足感必然減少。

　　二手市場裡的商品,對賣家來說多半處於邊際效用遞減的階段,因此賣家多數願意以比原價低很多的價格來出售。

到底是因忙生窮，還是因窮更忙？

「窮忙族」來自英文單詞working poor，原意是指薪水不多，雖整日奔波勞動卻始終無法擺脫貧窮的人。

窮忙族的顯著特點就是每天超時工作，薪水卻沒有增加，他們錢少事多、忙個不停，卻始終是窮光蛋一個。這種現象反映了什麼呢？就是窮者越忙，富者越閒。

專家認為，由於富人已進入知識經濟時代，窮者卻還留在勞動時代，普遍負責處理事務性工作，對公司產值貢獻度不大，薪資水準無法和付出的勞力成正比。

另外，富者因閒，而有充裕的時間吸收新知以加強專業能力，故而升遷更加快速，也懂得多管道投資、累積財富。而窮忙族為了養家糊口，甚至要兼好幾份工作，根本沒有時間投資自己，到最後形成惡性循環，雖然忙個不停，但競爭力卻越來越弱，職場價值越來越低。

Trivia
04

「名校情結」真的是非理性的嗎？

　　為什麼企業招聘總喜歡名校的學生？許多人認為這是非理性的「名校情結」，但是從經濟學上看，這實際上是資訊不對稱作用下的合理結果。

　　假設市場上有兩類應徵者——能力高者和能力低者。應徵者往往比企業更清楚地知道自己的能力，但無論能力高還是低，兩者都會積極地向雇主傳遞自己能力很強的資訊，尤其是能力低者，更可能想方設法把自己偽裝成一個能力高者。

　　當企業無法通過筆試、面試來鑑定應徵者的真實水準時，受過什麼樣的教育，就成為一種相對客觀可信的判斷依據，而應徵者的文憑也就成了一種傳遞資訊的工具。

　　「名牌」的作用由此得到體現。當然，名牌大學或明星企業也可能出現瑕疵品，只是這樣的機率相對來說要低得多。而且，成為所謂「名牌」，是多年有效資訊累計的結果，沒有人願意輕易地毀掉自己的信譽。

　　這就意味著，如果名牌的「產品」出現問題，其解決成本也相應地低一些。

為什麼消費者買小東西更願意去便利商店，而不願意去超市？

　　為什麼消費者買小東西願意去便利商店，而不願意去超市？這實際上與交易成本有關。

　　超市的商品種類很多，應有盡有而且價格便宜，但超市通常都不在家門口，多數需要乘車前往，或要走不短的路，其中付出的時間成本，是人們不願意支付的。而便利商店銷售的商品多半都是生活必須用品，雖然價格略高，但遍佈住宅區，而且是二十四小時營業，很方便。在消費者看來，多花一點錢，節約時間和精力是值得的。由此可以知道，便利商店的商品售價高，是因為其中計入了消費者的交易成本。交易成本就是實現人與人之間交易所必須的費用。

　　究竟到哪兒買東西，取決於交易成本和價格的高低。因此，從每個人的經驗來看，交易費用也是進行經濟決策時所要考慮的重要因素。

Trivia 06 為什麼麥當勞要送優惠券？

　　麥當勞經常以各種形式發放優惠券，例如：在麥當勞的網站上發放，顧客只要列印優惠券，就可以憑券到麥當勞以優惠價格享受某種套餐；或者把優惠券夾在麥當勞的宣傳報紙裡，顧客只要看這張報紙就會得到優惠券，甚至在路邊也可以獲得免費發放的優惠券。

　　獲取麥當勞的優惠券需要花費一定的成本：上網尋找優惠券，閱讀麥當勞的宣傳廣告，需要花費搜尋成本；列印優惠券，或者索取優惠券，需要花費時間成本。而那些時間成本比較低的人，通常都是一些收入偏低的人，所以更願意使用優惠券。於是，麥當勞成功地把顧客分成了兩類：富人和窮人。

　　對於富人——不持有優惠券的人，麥當勞供給他們的商品就比較貴；而對於窮人——持有優惠券的人，麥當勞會替他們打折。

　　同一商品收取不同價格，這是典型的價格歧視。通過價格歧視，讓麥當勞的總利潤達到最佳化。

為什麼旅遊景點門票會提供當地人優惠？

　　旅遊景點往往會為當地人降低票價。這樣的定價方式也是國際上的慣例。

　　美國最著名的大峽谷，針對當地人就實行免票政策，而成本較高的旅遊設施，則對當地人實行低折扣的優惠。

　　商家在定價時，總會考慮到這些問題：提高價格時，可能導致自己的銷售量下降多少？而在降低價格時，銷售量則可提高多少？經濟學家稱之為「自身價格彈性」，更準確一些，也有人稱之為「價格敏感度」。針對本地人的優惠策略易於實施，能為商家帶來更多利潤，而且受到社會的認可，有時甚至受到歡迎。這種雙方都滿意的策略，商家怎會不樂意為之！

　　總而言之，商家的所有行為最終都會落到一個重點上，那就是利潤：如果給予對方優惠，能為自己帶來更大的利益，就給對方優惠，否則就沒有優惠。

Trivia 08 為什麼機票現買價更高，而文藝演出的門票現買價卻更低？

飛機起飛時或劇院布幕升起時還有空座，都意味著收入上的損失。但機票現買價格往往很高，文藝演出門票現買價卻更低，這是為什麼呢？

就機票來說，提前預訂飛機票的大多是想安排渡假計劃的人，他們多半很早就會預定，所以對時間較不敏感，但對機票的價格比較敏感。而臨時買機票的大多是商務人士，商務人士在臨行前一刻變更出行安排的可能性更大，也就是對時間較敏感，但對票價較不敏感。

故此，航空公司的策略是：對最後一刻才買票的乘客收全價（大部分都是出公差的），而對提前訂票的乘客打折（主要是渡假遊客）。

但購買演出門票就不同了，雖然和航空業者一樣，高收入者對票價的感受，比低收入者要麻木得多，但觀看戲劇的高收入者一般都不願意在最後一刻才買票。

因為現場買票的觀眾要面對兩道門檻：一是需要花一兩個小時排隊，高收入者大多不願只為了省幾個錢而這麼做。第二點，也是更重要的一點，只有少數劇碼（一

般都不是特別受歡迎的劇碼）願意賣折扣票。而高收入者的時間成本高，他們好不容易騰出一個晚上看表演，當然只想看自己最想看的劇碼。

而對於價格更敏感的低收入觀眾，上述兩道門檻都比較容易邁過。要是不能在售票窗前排隊買半價票，他們說不定根本不會去看劇院演出的大型表演了。

哈哈笑

國王在散步，看見磨房裡一頭毛驢在拉著磨盤轉，脖子上掛著一個鈴鐺。

國王問磨房主：「你為什麼要在毛驢的脖子上掛一個鈴鐺呢？」

磨房主說：「萬一我打瞌睡了，毛驢也不走了，鈴鐺就不響了，我聽不見鈴聲，就知道毛驢偷懶了。」

國王說：「要是毛驢在原地不動，光搖頭，既不幹活，又使你聽到鈴聲響，那怎麼辦呢？」

磨房主愣了一下，說：「啊！陛下，我哪能買到像你這樣聰明的毛驢呀？」

Trivia 09 為什麼牛奶裝在方盒子裡賣，可樂卻裝在圓瓶子裡賣？

　　幾乎所有軟性飲料的包裝，包括可樂、橙汁、礦泉水等，不管是玻璃瓶還是鋁罐，都是圓柱形的，但有一種飲料例外——牛奶。

　　牛奶大多是裝在方盒子裡的。方形容器的確比圓柱形容器更能利用貨架空間，可是為什麼軟性飲料生產商還是堅持使用圓柱形容器呢？我們知道，商店裡大多數軟性飲料都是放在開放式貨架上的。

　　這種架子便宜，平常也不存在運營成本，但不少牛奶由於保存期限不長，需要放在冰櫃裡冷藏保存。冰櫃很貴，電費等營運成本也高。所以，冰櫃裡的儲存空間相當寶貴，因此，牛奶包裝做成方形可以更有效地節省冷藏櫃的儲藏空間。

　　另外，還有一個原因：碳酸飲料假如遭受震盪，裡面的液體就會膨脹，如果做成三角形或方形，那麼稍有震盪，瓶體就會變形。

　　因此，從力學和美學角度來說，碳酸飲料的瓶體都應該做成圓的；而牛奶等不含碳酸的飲料，設計成方形或圓形都可以。

Trivia 10 什麼叫量販式KTV？

　　我們去K歌時，常在KTV的招牌上看到「量販式」的字樣，這個詞是什麼意思呢？事實上，「量販式」購買就是大宗購買的意思。

　　「量販」源於1963年法國一家類似超級市場的超大型賣場。後來日本人首先把這種購物經營型態稱為量販，日語中的「量販」意思就是「大量批發的超市」，由此引申而出的量販式經營，指的就是透明、自助和平價的消費方式。

　　KTV的形態大約可分為兩類：一為家庭式的KTV，只要有一組點播系統和麥克風及顯示器，在家裡也能飆歌；第二種是公共KTV演唱場所，裡面設有包廂、卡拉OK大廳等，內部設有小型自助餐，以及能儲存幾十萬首歌曲的自助點歌系統。顧客的飲食消費均可以在店內購買，包廂按時計費，完全自主，更人性更自由。正因為裡面什麼都有，所以又被稱為「量販式」KTV。

為什麼手錶廣告中的指標
都是呈「V」形呢？

　　鐘錶廣告裡顯示的時間有的是十點十分，也有十點八分四十五秒的，也有十點十分三十秒的，不管顯示的時間是多少，時針和分針一定呈V字形。這是為什麼呢？

　　據說這是心理學家共同研究出來的結果。一則V字形在西方是勝利的象徵；二則指針同時上揚，令人感到欣悅；三則V字形狀如鳥兒展翅，給人奮發之感。

　　路過鐘錶店時，如果發現店中懸掛鐘錶的時間呈V字形，人們會感覺這是一家有美感並講究品味格調的店；反之，若看到鐘錶的指標亂七八糟地指向各種不同的方向，則會大為感嘆，為什麼不能選擇最好的時間呢？

　　V字型的指針方向，就是心理學上的暗示作用。實際上人生亦然，常保奮發、清明、覺醒、善良、清靜，充滿活力與幹勁，則成功又怎麼可能遙不可及呢？

Trivia 12 在百貨公司乘手扶梯快還是乘電梯快？

　　到底是搭乘手扶梯快還是乘電梯快呢？相信這個問題很多人都曾想過。單純就速度而言，搭乘電梯當然是比較快的，但以整體來說，還必須加上等待的時間一起計算才合理。

　　根據日本作家倔井憲一郎的調查發現，從不同樓層搭乘手扶梯或電梯，會有不同的結果。若從1樓到6樓之間搭乘，手扶梯是比較快的，因為無需等候；在7樓到9樓之間搭乘，若是碰上電梯及時到達或剛好沒有人，這時才會比較快；若是從10樓以上樓層搭乘，則電梯較快的機率高達75%。

下水道的蓋子為什麼幾乎都是圓形的？

　　下水道的蓋子幾乎都會做成圓形，除了因為圓形的承受力比較均勻之外，下水道出入孔必須留出足夠一個人通過的空間，而順著梯子爬下去的人體橫截面也是近似於圓型。

　　另外，同樣的面積，圓形所使用的周長最少，而且所有的圓形只要半徑相同，就能通用安裝。

　　一幢大樓失火，大家都往樓下跑，卻有一個人往上跑，這是怎麼回事？

　　因為這人住在地下室。

14 為何紙幣上有號碼而硬幣上沒有？

　　各國鈔票的發行都必須考量其國內黃金存量和外匯存底的比例，目的是要控制好貨幣的總量，以免造成貨幣貶值，導致通貨膨脹。所以必須在外匯存底達到一個固定的數目之後才能發行，並且在鈔票上面以不重複的編碼來計算發行量。

　　另外，紙幣持有人只要到發行銀行，銀行就有責任給予紙幣持有人「憑票即付」等值的外匯，所以紙幣編號也是用來作為統計和防偽的依據。

　　至於硬幣的發行，只是為了方便民眾日常交易中作為找補之用，並不需要外匯存底的支持，在國際上也不能用做貨幣兌換。硬幣如果不再使用，便沒有了法定價值。也由於沒有「憑硬幣即付」的承諾，所以硬幣也沒有編碼的需要。

15 銀行為什麼不叫金行？

　　金子既然比銀子更貴重，那「銀行」為什麼不叫「金行」呢？

　　因為過去幾百年來白銀一直是主要的流通貨幣。黃金雖然貴重，但由於稀少，且主要用於製造裝飾品或作為財富貯藏，很少進入流通領域，所以平時在交易、存款、借貸時，主要用的都是白銀。

　　後來，隨著金融業務的發展，需要一個專門機構來經營，由於銀子一直是流通的主要貨幣，人們很自然地就把這種機構的名稱和銀子聯繫起來，叫做「銀行」。

　　為什麼很多人明明知道抽菸有害健康還要不停地抽菸？

　　因為他們想讓別人知道抽菸的壞處。

16 買單和埋單有什麼區別？源自何處？

在餐館裡支付餐費叫「買單」，也有人說成「埋單」。這兩種說法有什麼區別呢？

埋單其實起源於粵語方言，「埋」是收攏的意思，「埋單」字面上的意思是把帳單收攏在一起，最後結帳，所以「埋」在粵語中也有結算的意思。在最初，埋單一般指的是飯館用餐後結帳付款，後來漸漸的演變為泛指付錢或表示承擔責任的意思。

埋單傳入其他地區之後，逐漸成為了「買單」。雖然這個字眼的起源是「埋單」，但在人們的口語中，「買單」似乎更經常使用。

另外，「買單」除了表示上述意思之外，還是在金融方面常用的詞語，指作為買進憑證的單據。

Trivia 17 什麼樣的店是旗艦店？

　　什麼樣的店是旗艦店？為什麼叫「旗艦」呢？對某些國家來說，旗艦是海軍艦隊司令、編隊司令所駐的軍艦，因艦上掛有司令旗，故稱之為「旗艦」。

　　旗艦店用在現代企業的行銷，則是指設在某地最高級別的品牌形象展示店。一般來講就是所處地段極佳、客流量極大、銷售極好的店面，代表某品牌或某大類商品的專賣形象。

　　旗艦店是經濟時代的產物，在競爭加劇的市場中，對促進連鎖經營、樹立品牌形象均大有益處，也是企業拓展市場佔有率的有效手段。

　　為什麼十歲的小明能一隻手讓行駛中的汽車停下來？

　　因為車子是計程車。

為什麼麥當勞旁邊總是找得到肯德基？

　　麥當勞與肯德基開店經常選在同一條街上，或在相隔不到一百公尺的對面或甚至同街相鄰。

　　麥當勞和肯德基不是同行嗎？競爭應該很激烈，是彼此的「死敵」吧？為什麼它們總是挨在一起？在經濟學上，我們將麥當勞與肯德基的選址策略叫做「聚合經營」，其所要實現的就是「聚合效應」。

　　我們常說買東西要「貨比三家」，總希望多看幾家再做決定。試想，如果兩家商店分別開在城南、城北，人潮顯然比不上他們毗鄰而居的效果。人潮對店面來說是最寶貴的資源，而品牌聚集正是為了吸引人潮。簡單來說，只有商家先聚集在一起，創造出熱鬧的氛圍，顧客才會過去湊熱鬧。

永續圖書
線上購物網

www.foreverbooks.com.tw

※為保障您的權益，每一項資料請務必確實填寫，謝謝！

姓名		性別	□男 □女
生日	年　　　月　　　日	年齡	
住宅地址	郵遞區號□□□		
行動電話		E-mail	

學歷

□國小　　□國中　　□高中、高職　　□專科、大學以上　　□其他＿＿＿

職業

□學生　　□軍　　□公　　□教　　□工　　□商　　□金融業
□資訊業　□服務業　□傳播業　□出版業　□自由業　□其他＿＿＿

謝謝您購買 ＿＿＿＿＿＿地表上最強的冷知識＿＿＿＿＿＿ 與我們一起分享讀完本書後的心得。務必留下您的基本資料及電子信箱，使用我們準備的免郵回函寄回，我們每月將抽出一百名回函讀者，寄出精美禮物以及享有生日當月購書優惠！想知道更多更即時的消息，歡迎加入"永續圖書粉絲團"

您也可以使用以下傳真電話或是掃描圖檔寄回本公司電子信箱，謝謝！

傳真電話：（02）8647-3660　　電子信箱：yungjiuh@ms45.hinet.net

●請針對下列各項目為本書打分數，由高至低5～1分。

　　　　　　　5 4 3 2 1　　　　　　　　　　5 4 3 2 1
1.內容題材　□□□□□　　　2.編排設計　□□□□□
3.封面設計　□□□□□　　　4.文字品質　□□□□□
5.圖片品質　□□□□□　　　6.裝訂印刷　□□□□□

●您購買此書的地點及店名＿＿＿＿＿＿＿＿＿＿＿＿＿＿＿＿＿

●您為何會購買本書？

□被文案吸引　　□喜歡封面設計　　□親友推薦　　□喜歡作者
□網站介紹　　　□其他＿＿＿＿＿＿＿＿＿＿＿＿＿＿＿＿＿

●您認為什麼因素會影響您購買書籍的慾望？

□價格，並且合理定價是＿＿＿＿＿＿　　□內容文字有足夠吸引力
□作者的知名度　　□是否為暢銷書籍　　□封面設計、插、漫畫

●請寫下您對編輯部的期望及建議：

221-03
新北市汐止區大同路三段194號9樓之1

傳真電話：（02）8647-3660
E-mail：yungjiuh@ms45.hinet.net

培育

文化事業有限公司

地表上最強的冷知識

培 養 文 化 育 智 心 靈 的 好 選 擇